汉书诵读本

「中华诵·经典诵读行动」读本编委会 编

史国良 注释

中华书局

图书在版编目(CIP)数据

汉书诵读本 / 史国良注释;"中华诵·经典诵读行动"
读本编委会编. —北京:中华书局,2013.4
("中华诵·经典诵读行动"读本系列)
ISBN 978 - 7 - 101 - 08958 - 5

Ⅰ.汉…　Ⅱ.①史…　②中…　Ⅲ.中国历史—西汉时
代—纪传体—通俗读物　Ⅳ.K234.104.2-49

中国版本图书馆 CIP 数据核字(2012)第 238825 号

书　　名	汉书诵读本	
编　　者	"中华诵·经典诵读行动"读本编委会	
注　　释	史国良	
丛 书 名	"中华诵·经典诵读行动"读本系列	
责任编辑	祝安顺	
出版发行	中华书局	
	(北京市丰台区太平桥西里 38 号　100073)	
	http://www.zhbc.com.cn	
	E-mail:zhbc@zhbc.com.cn	
印　　刷	北京天来印务有限公司	
版　　次	2013 年 4 月北京第 1 版	
	2013 年 4 月北京第 1 次印刷	
规　　格	开本 /787×1092 毫米　1/16	
	印张 8¾　插页 2　字数 97 千字	
印　　数	1-5000 册	
国际书号	ISBN 978 - 7 - 101 - 08958 - 5	
定　　价	19.00 元	

出版说明

读经典的书，做有根的人。雅言传承文明，经典浸润人生。诵读中华经典，是四至十二岁学生学习中华传统文化的有效方式，也是中央文明办、教育部、国家语委主办的"中华诵·经典诵读行动"大力推动的一项校园文化建设活动。

四至十二岁是人生的黄金时期，也是人生记忆的黄金阶段，这个时期诵读一定量的中华经典，不仅有助于锻炼、提高记忆力，提升学生的语文素养，学习做人、做事的基本常识，更有助于提高学生的思维水平。

为了满足广大学生、家长和教师诵读中华经典的学习需求，我们组织相关专家、学者和一线教师，编辑出版了这套"中华诵·经典诵读行动"读本。本系列图书有下述基本特点：

一、内容系统全面。

本系列图书选取蒙学经典、儒家经典、诸子百家、历史名著、经典诗文等三十八种，分四辑出版。有些经典内容过多，我们选择那些流传较广、思想深刻的篇章编成选本；有些诗文，则根据学生的学习需要进行了汇编。

二、导读言简意赅，诵读专业科学。

每本图书的正文前都有"内容导读"和"诵读指导"。"内容导读"包括对经典的成书过程、作者和作品思想等方面的综述，"诵读指导"则请播音专业的专家从朗诵角度对每本书诵读时的语气、重点和感情变化等进行指导。

三、底本权威，大字拼音，注释实用。

底本采用权威的通行本，正文原文采用三号楷体大字，符合学生阅读习惯，保护学生视力；字上用现代汉语拼音注音，拼音的标注以《汉语大字典》注音为准，在语流中发生变调的，一律标注本来的声调；页下附有难字、难词、难句注释，注释尽量参照最新研究成果，语言简洁通俗，表述精准易懂。

四、备有诵读示范音频资料，提供免费下载。

部分图书备有由专业播音员、主持人和配音演员诵读的全本或选本的示范音频资料；条件成熟时，我们会提供一线教师的部分篇章的吟诵音频资料，供家长和教师、学生借鉴学习。鉴于光盘在运输途中容易发生损坏，我们仅提供网上免费下载诵读音频的服务。如需要图书音频资料，请购书读者将个人姓名、手机号、邮箱、所购书目、购书地点等信息发送至 songduben@126.com，即可获得该图书音频的下载网址。

关于本系列图书的使用，我们的建议和体会是：小切入，长坚持，先熟诵，后理解，家校共读出成效。

首先，家长、教师要了解经典著作的原文大意、难点注解，其中的名言警句或典故也要事先知晓大概，以便在孩子问询时能够予以帮助。

其次，家长、教师每日选择百字左右的诵读内容，带领孩子反复诵读。次日复读昨日内容，然后再开始新的内容，在学习新知识时不断温故，巩固熟读效果。

第三，在诵读时可采取听我读、跟我读、慢慢读、快快读、接力读等多种诵读形式，让孩子在集体的氛围中感受到学习的乐趣。

第四，教师或家长可将诵读内容做成卡片或活页，以便携带，随时复习，随时巩固。

第五，家校联手，逐次做好孩子的诵读记录。记录卡可以有诵读篇目、开始的时间、熟读的次数，还可以附上自我评价分数，家长、教师评价分数，读伴评价分数，调动一切因素激励学生熟读成诵。

本系列图书，从经典著作版本的选择到文本注音、注释的审定，都力求做到精准，但错误之处在所难免，请专家和读者批评指正。

中华书局编辑部

2013 年 4 月

目　录

汉书诵读本

内容导读

《汉书》中的历史性与独特体例

史国良

《汉书》，也叫《前汉书》，是《史记》之后我国古代又一部伟大的历史著作，作者是东汉时期的历史学家班固。《汉书》主要记述了从西汉汉高祖元年（前206年），到新朝王莽地皇四年（23年），共230年的历史。史料丰富，内容详实，是我们了解两千多年前西汉社会历史的最重要的著作之一。

《汉书》包括纪12篇，表8篇，志10篇，传70篇，共100篇，80万字。《汉书》的"纪"按时间顺序分别记载从汉高祖至汉平帝共12位皇帝的大事。写法与《史记》相差不大。8篇表为记载汉初诸侯功臣、文武百官及古今人物的表。10篇志是在《史记》"八书"的基础上发展而来的，主要记述典章制度、天文、地理等的兴废沿革，等于后来的专门史。70篇列传是除了帝王以外的各类人物传记，甚至还包括了少数民族传和国外各民族传。

《汉书》的作者班固（32—92年），字孟坚，是今天陕西咸阳市人。班固从小受到良好的家庭教育，9岁就能写文章、诵读诗赋。16岁到23岁时，班固在洛阳太学读书，博览群书，刻苦钻研，为以后写《汉书》打下了良好的基础。

班固的父亲班彪热爱史学，想补写司马迁《史记》中汉武帝之后没有记载的史事，于是搜集整理资料，编写了《后传》几十篇，作为《史记》的续作。班彪病死后，班固继承父亲的事业，在《后传》的基础上，开始编写《汉书》。过了几年，有人向朝廷告发班固，说他私自改作国史。最终，班固被关进了监狱，家也被查抄。班固弟弟班超闻知此事，急忙赶到京都，向汉明帝详细解释班固写《汉书》的原由。汉明帝了解情况后，任命班固为兰台令史，使其继续编撰《汉书》。

过了些年，班固跟随车骑将军窦宪出征匈奴，汉朝军队出塞三千多里，大破匈奴。班固遵照窦宪的命令，在燕然山刻下记录功劳的文字，铭记汉朝的威德。又过了几年，窦宪因为专权被汉和帝剥夺了兵权,被迫自杀。班固因为和窦宪关系密切,受到牵连,接着又被小人陷害关进了监狱。最终死在监狱中,时年 61 岁。此时,8 表和《天文志》还没完成。后来,班固的妹妹班昭续写完八表,马续完成了《天文志》。汉书从草创到完成,前后经过四人之手,历时四十多年。班昭也成为"二十四史"中唯一的女性作者。

与《史记》"通古今之变"的通史体例不同,《汉书》记述西汉一朝的史事,创造了纪传体的断代史体裁。这种断代为史的体例,受到后来史家的认同和赞誉,并成为历代"正史"编纂的依据,这也是班固对我国史学的重大贡献之一。《汉书》的叙事注重史事的系统完备性,记述有始有终,清楚明了。传记的编排,大体上按时间先后为序,体例上更加整齐划一。史料也十分丰富,如人物传记中,就收入大量有关政治、经济、军事和文化方面的奏疏、对策、著述和书信等。这些都是现在我们研究汉代历史的重要文献资料。

在《汉书》中,班固歌颂汉王朝的大一统帝业,认同儒家思想,关心国计民生。这对巩固多民族国家的统一,促进传统文化的发展起着积极的历史作用。在诵读《汉书》的同时,也能受到传统思想文化的熏陶。但是,我们也要认识到,与司马迁相比,班固缺乏史学家独到的眼光和见识,这与当时的思想文化氛围是分不开的。在班固生活的年代,儒学一家独尊变为经学,又由经学上升到神学,儒家思想已经牢牢地占据社会生活的方方面面。《汉书》就是在这样的学术及文化环境中产生的,这是我们在读《汉书》时应该注意的。

西汉是我国第一个统一的多民族封建制国家,拥有空前广阔的疆域、繁荣富强的国力、家天下的政体结构及豪迈自信的民族心理。在诸子百家文化大创造基础之上,儒家思想中以血缘宗法为纽带的伦理思想,夹杂法家的法治、集权思想以及道家无为而治的政治学说,融合而成为西汉政府的指导思想。从另外的角度来说,先秦时期的各种思想文化成果在此也得到了一个在相对稳定的政治经济基础之上进行优化整合的机会。这本小书就是通向汉帝国内部的一扇小小的窗户,帮助我们从各种人物事迹中领略到汉人的厚重与自信。

《汉书》全文 80 万字,这里我们只选了 3 万多字。选本中只以人物传记为主,《汉书》中的各类志和表,虽有相当重要的价值,暂不在考虑之列。《汉书》中的人物传记,有很多是司马迁的《史记》早有记载的,故而本书所选的人物尽量避免与《史记》选本重复。此外,所选的人物力求能反映广阔的历史画卷,涵盖各层次身份地位的历史人物。范围不能太集中,也不能太生僻另类。在参考各种《汉书》读本之后,我们遴选了汉高祖刘邦等十四人,包括帝王、后妃、将军、弄臣、文士、京官、循吏、酷吏、游侠等。其中,汉高祖刘邦、霍光的传记头绪繁多、篇幅很长,只能选取其中一部分,将前后相关的事迹展现出来,保持史事的完整和连贯。司马相如和东方朔的传记中,包含了他们的文学作品,这些流传后世的著作,编者认为与所选人物的关系不大,就没有收录。李夫人里所附汉武帝的《李夫人赋》也一并删去。因篇幅及其他原因,选取的传记又要再选取其中一部分,可以说是选了又选。考虑到这套诵读本的读者层次,以及阅读诵读的连贯性,有些字词的注即便在前面某人的传记中出现过,我们没有采用"见某某章"或者"前面已有注"这样的方式,仍旧注出来,可以说是不厌其烦了。

《高祖纪》叙述刘邦一生的经历和功业,本书选取了其早年生活、沛县起事、入关中、打败项羽及荣归故里等几个片段,力求反映刘邦的生平事迹及性格特点。刘邦总结自己战胜项羽的经验说,自己运筹帷幄的谋略不如张良,保障供给的能力不如萧何,制胜克敌也不如韩信,但是能够知人善任,这就是自己得天下的原因。分析得精辟入里,读来发人深省。天下已定,刘邦荣归故里,唱起"大风起兮云飞扬",展现的是曾经贪财好色的无赖蜕变之后苍凉悲壮而又孤寂的另一面。

在《霍光传》中我们会惊奇地看到,已经继承皇位君临天下的昌邑王,却没有现今无数的电视电影当中我们所熟悉的皇帝威严,而是一个在先皇丧期还惦记着买点肉吃的角色。更令人吃惊的是,皇帝居然被大将军和其他大臣们商量着给废了,并从皇宫请了出去。

赵广汉、龚遂、王温舒、严延年等也是值得一读的传记,他们从官吏这个社会层面给我们展示了两千年前复杂的政治生活的一部分。官吏中既有赵广汉这样忠于职守、精明强干,让老百姓怀念的京官;也有王温舒这样喜欢杀人,冷酷无情而又趋炎附势的酷吏;还有一心想着对付有权有势的豪族、扶助没钱没势的老百姓的严延年。虽然孔圣人曾说过"人而不仁,疾之已甚,乱也",意思是对坏人坏事太痛恨了也是祸害。然而想一想豪门大族鱼肉百姓、横行乡里,却在严延年的手下乖乖伏法,被集中处决。虽然有点狠,但对当时人来说,是不是也有一丝快意呢?

历史是人类的历史,是具体的每一个人聚合起来的历史。通过本书所选的这些人物传记,我们会读到许多中国古代历史发展中所固有的东西,如战争、阴谋、贪腐、后宫争斗等等。但同时，我们一定也会发现不同之处，希望读者能从古老的史书中读到永恒的价值，读到全新的启迪。

（作者单位：兰州城市学院）

内容导读

汉书诵读本

诵读指导

《汉书》诵读中的史家法度与文人气质

李洪岩

《汉书》是中国古代著名的历史著作,由我国东汉历史学家班固编撰。它是"二十四史"之一,并与《史记》、《后汉书》、《三国志》并称"前四史",其地位不在《史记》之下。同时它又是中国第一部纪传体断代史,这与《史记》纪传体通史类型不同,因此在描画汉家气象方面自有其独创之处。继此之后,中国古代官修纪传史书基本采取了这种体例,可见其影响之大。与《史记》相比较,《汉书》在内容上与其有所交叉,体例上也有相似之处,包括纪、表、志、传,共一百篇,计八十万字。

另外《汉书》的语言与《史记》明白晓畅的特点有所不同,它遣辞造句更为讲究典雅与精当,句式多铺排,字词也更书面化,在文采横溢的同时也为诵读带来了理解上和口语化上的难度。当然,如能克服这些难点,则不仅有助于提高古文诵读能力,更有助于提升对中国古代文化的掌握能力。

首先,文本内容的选择是诵读创作活动的起始环节,体例上适合诵读、内容上更具价值的作品是诵读的首选。

《汉书》体例分为四种:纪,主要记载帝王事迹,如《高帝纪》《武帝纪》;表,主要记载汉代的人物事迹等,如《诸侯王表》《百官公卿表》;志,记述典章制度、天文、地理等,如《律历志》《礼乐志》《五行志》《地理志》;传,主要记载各类人物的生平以及少数民族的历史等,如《陈胜项籍传》《萧何曹参传》《贾谊传》《司马相如传》《匈奴传》《西域传》等。

如此体例多样、卷帙浩繁的史书,不必一一诵读,且有些体例(如"表")也不适合诵读创作活动。"纪"和"传"将史家笔法与文学艺术紧密结合,应该是最适宜诵读的部分,因此诵读时在选择体例、选择内容等方面都要有所考虑。

其次,应深刻把握著作所蕴含的人文精神与家国情怀,这为诵读活动提供了理解的基础和主要的基调。

《汉书》主要记述了从西汉的汉高祖元年(前206年),至新朝的王莽地皇四年(23年)共230年的史事,汉臣修汉史,其历史观与时代观都深刻地影响着著作主要的思想、观点、态度。无论是班固继先父遗志修编汉史的行为,还是作者在书中所反映出来的史观,都反映了大汉臣子忠君爱国、颂扬国家的态度情感。班固自己也曾说,尧舜时代的盛世伟业,离不开记录历史的典谟之篇为其扬名于后世,言外之意当然也是想通过记录历史来彰显大汉朝的功德。

应该说,不同时代的人是有其历史局限性的,但从情感角度来看,抛开书中所宣扬的浓厚的封建正统思想,热爱国家恰恰是中华民族历经千年血脉延续的关键所在。我们在诵读诸如《苏武传》等篇章时,不仅了解了历史故事,也会为其真挚的拳拳赤子之情所感动,诵读活动的意义就在于在悠扬的音声创作中受到感染,得到教益。

第三,《汉书》在叙事上或简明扼要,或体系完备,其讲故事的手段高超,既讲述明了,又引人入胜,诵读时应根据不同的叙事类型采取不同的诵读基调与节奏。

在人物传记中,《汉书》经常在篇首做一个简单明了的人物介绍,因其简明,概括性强,诵读时应把握主旨,端庄大气中不乏精彩点染。

如《高帝纪》开篇介绍了高祖刘邦的简况及出生时的异象:

> 高祖,沛丰邑中阳里人也,姓刘氏。母媪尝息大泽之陂,梦与神遇。是时雷电晦冥,父太公往视,则见交龙于上。已而有娠,遂产高祖。

几十个字的人物介绍篇幅不长,但信息量不小。介绍籍贯姓氏时以说明为主,诵读语气稳重大气,节奏舒缓。接下来笔法一转,由实转虚,讲刘邦之母梦里遇神,雷电晦冥,蛟龙现身,渲染了天地变幻的奇异之象,诵读语气陡然变险,语势起伏加大,节奏由疏转密。结尾处"已而有娠,遂产高祖"讲述了刘母妊娠,怀胎高祖的事情,再次由虚转实,语气语势又回归舒缓平稳,特别是一个"遂"字需要予以强调,给人以天降异人、水到渠成之感。这是《汉书》中简明扼要的叙事实例。

另一方面,书中体系完备的叙事则详略得当,有始有终,能够全景式地勾画人物,讲述史实,史料丰富,而又跌宕起伏。

比如，《汉书》中的名篇《苏武传》记述了爱国志士苏武从出使匈奴，受连累被俘，面对威胁利诱坚守节操，历尽磨难不辱国体，一直到年老终归故里的故事，传记中还包括其子嗣受牵连被处死及其本人病卒等后事，既生动刻画了一个名垂青史的闪光形象，又客观地展现了历史人物的生平轨迹。该文基本以时间线索为序，同时又有重点记述，脉络清晰，故事完整。苏武羁留匈奴十九年不为威逼利诱所动而坚持民族大义的故事更是广为传颂，其中，苏武面对卫律软硬兼施的迫降而凛然怒斥，克服极端恶劣的天气、牧羊不忘手握汉节，面对叛将兼故友的李陵劝降而掷地有声的应答，等等，都使得苏武的爱国情操得到了全方位的展示。诵读时，叙述之处应有主有次，层次分明；描述之处应有浓有淡，错落有致；抒情之处应感情浓烈，或激情饱满，或情深意挚。如此，有纵有横，经纬交织，才能将历史画面勾画得波澜起伏。

第四，人物语言性格鲜明，情感丰富，诵读时应把握其内在的情感依据和神韵，求神似而不求形似。

比如高祖刘邦创业之前看到秦皇帝壮观的车驾时，曾喟然赞叹：

嗟乎，大丈夫当如此矣！

这句话看似羡慕，实则反映了刘邦内心的雄伟抱负，而此时他尚未成势，又不可能有帝王的态势气度，因此诵读时结合着钦美、感慨、心怀抱负的复杂情感，既有赞的音声激扬，又有叹的深沉感怀，用声虚实结合，语势高低错落，将一代枭雄蛰伏时期的情态描摹精准。

再如叛将卫律劝降与苏武拒斥的一段话也是充分反映了二人不同的心理活动：

律曰："君因我降，与君为兄弟，今不听吾计，后虽欲复见我，尚可得乎？"武骂律曰："女为人臣子，不顾恩义，畔主背亲，为降虏于蛮夷，何以女为见？

在这段言语交锋中，卫律似是劝说实则强硬威胁，他告诫苏武，如果投降则如兄弟般相处，如果坚持不降，以后再想见我是不可能的，既有胁迫之意，更有自抬身价的卑劣丑态。而苏武对此直接拒斥说，你是汉臣，背信弃义去投降，我见你干什么？不仅拒绝，而且通过与卫律的对比，鲜明地表现出爱国志士的凛然正气。诵读时应先进行内心揣摩，体会说话者的心态，然后在语气和神情上与理解和感受相匹配，特别是苏武的应答神完气足，应将情感、声音和气息有机结合。

至此我们发现，诵读《汉书》不能停留在见字出声、出口成诵的层面上，因为在由文字语言转化为有声语言的过程中，理解与感受的环节不仅重要而且有一定难度，诵读者虽不必像研究古汉语那样字斟句酌地推敲文词、语法，但了解背景，熟悉文意，划分层次，把握重点等工作还是必须要做的，这样才能在诵读过程中突出主旨，理清主线，强调重点，刻画人物，使历史画面鲜活起来。

（作者单位：中国传媒大学播音主持艺术学院）

gāo dì jì
高帝纪（节选）

gāo zǔ　　pèi fēng yì zhōng yáng lǐ rén yě　xìng liú shì　　　mǔ ǎo cháng xī dà zé

高祖，沛丰邑中 阳里人也，姓刘氏①。母媪尝息大泽

zhī bēi　mèng yǔ shén yù　　　shì shí léi diàn huì míng　fù tài gōng wǎng shì　zé jiàn jiāo

之陂，梦与神遇②。是时雷电晦冥，父太公往视，则见交

lóng yú shàng　　　　yǐ ér yǒu shēn　suì chǎn gāo zǔ

龙于上③。已而有娠④，遂产高祖。

gāo zǔ wéi rén　lóng zhǔn ér lóng yán　měi xū rán　zuǒ gǔ yǒu qī shí èr hēi zǐ

高祖为人，隆准而龙颜，美须髯，左股有七十二黑子⑤。

kuān rén ài rén　yì huò rú　yě　cháng yǒu dà dù　bù shì jiā rén shēng chǎn zuò yè

宽仁爱人，意豁如⑥也。常有大度，不事家人生 产作业⑦。

jí zhuàng　shì lì　wéi sì shàng tíng zhǎng　tíng zhōng lì wú suǒ bù xiá wǔ　　hào jiǔ

及壮，试吏，为泗上亭 长，廷中吏无所不狎侮⑧。好酒

jí sè　　cháng cóng wáng ǎo　wǔ fù shì jiǔ　shí yǐn zuì wò　wǔ fù　wáng ǎo jiàn qí

及色。常从 王媪、武负赊酒，时饮醉卧，武负、王媪见其

shàng cháng yǒu guài　　gāo zǔ měi gū liú yǐn　jiǔ chóu shù bèi　　　jí jiàn guài　suì jìng

上 常有怪⑨。高祖每酤留饮，酒雠数倍⑩。及见怪，岁竟，

---

①高祖：汉高祖刘邦，又名季。沛：县名，今江苏沛县。丰邑：今江苏丰县。中阳：里名。②媪：老年妇女的通称。
陂：水边。③晦冥：天昏地暗。交龙：传说中能兴云雨、发洪水的龙。交，通"蛟"，蛟龙。上：身上。④娠：怀胎。
⑤隆准：高鼻梁。须髯：胡须。黑子：黑痣。⑥意豁如：性情豁达开朗。⑦大度：大志。事：从事。家人：平常人。生产：
生计。作业：劳动。⑧壮：长大成人。试：试用。泗上：地名，在今江苏沛县东。亭长：负责民政事务的基层官吏。廷
中吏：县里的吏。狎侮：亲近而又戏弄。⑨负：通"妇"。赊：赊欠。时：时常。怪：怪物。⑩酤：买酒。雠：卖出去。

cǐ liǎng jiā cháng zhé quàn qì zhài
此两家常折券弃责①。

gāo zǔ cháng yáo xián yáng zòng guān qín huáng dì kuì rán tài xī yuē jiē
高祖常繇咸阳，纵观秦皇帝，喟然大息②，曰："嗟

hū dà zhàng fū dāng rú cǐ yǐ
乎，大丈夫当如此矣！"

shàn fǔ rén lǚ gōng shàn pèi lìng bì chóu cóng zhī kè yīn jiā yān pèi zhōng
单父人吕公善沛令，辟仇，从之客，因家焉③。沛中

háo jié lì wén lìng yǒu zhòng kè jiē wǎng hè xiāo hé wéi zhǔ lì zhǔ jìn lìng zhū dà
豪杰吏闻令有重客，皆往贺。萧何为主吏，主进，令诸大

fū yuē   jìn bù mǎn qiān qián zuò zhī táng xià gāo zǔ wéi tíng zhǎng sù yì zhū lì
夫曰④："进不满千钱，坐之堂下。"高祖为亭长，素易诸吏，

nǎi dài wéi yè yuē hè qián wàn shí bù chí yī qián   yè rù lǚ gōng dà jīng qǐ
乃绐为谒曰"贺钱万"，实不持一钱⑤。谒入，吕公大惊，起，

yíng zhī mén   lǚ gōng zhě hào xiàng rén jiàn gāo zǔ zhuàng mào yīn zhòng jìng zhī yǐn
迎之门。吕公者，好相⑥人，见高祖状貌，因重敬之，引

rù zuò shàng zuò   xiāo hé yuē liú jì gù duō dà yán shǎo chéng shì gāo zǔ yīn xiá
入坐上坐。萧何曰："刘季固多大言，少成事。"高祖因狎

wǔ zhū kè suì zuò shàng zuò wú suǒ qū   jiǔ lán lǚ gōng yīn mù gù liú gāo zǔ
侮诸客，遂坐上坐，无所诎⑦。酒阑，吕公因目固留高祖⑧。

jìng jiǔ hòu lǚ gōng yuē chén shào hào xiàng rén xiàng rén duō yǐ wú rú jì xiàng
竟酒⑨，后。吕公曰："臣少好相人，相人多矣，无如季相，

---

①竟：结束。折券弃债：毁掉帐单，免去债务。责，通"债"，欠负的钱财。②常：通"尝"，曾经。繇：通"徭"，服役。纵观：百姓随意观看皇帝车驾。大息：叹息。大，通"太"。③单父：秦县名，今山东单县。善：交好。沛令：沛县令。辟：通"避"。客：寄居。家：定居。④主吏：县令的属官。主进：负责收取宾客所送贺礼。进，通"赆"，古代指见面时赠送的礼物。大夫：负责接待宾客的人。⑤素：向来。易：轻视。给：通"诒"，欺骗。谒：贺帖。⑥相：相面。⑦因：趁机。诎：退让。⑧酒阑：酒席将散。目：使眼色。⑨竟酒：喝完酒。

愿季自爱。臣有息女，愿为箕帚妾①。"酒罢，吕媪怒吕公

曰："公始常欲奇此女，与贵人②。沛令善公，求之不与，

何自妄许与刘季？"吕公曰："此非儿女子③所知。"卒④与高

祖。吕公女即吕后也，生孝惠帝、鲁元公主。

……

高祖以亭长为县送徒骊山，徒多道亡⑤。自度比至

皆亡之，到丰西泽中亭，止饮，夜皆解纵所送徒⑥。曰：

"公等皆去，吾亦从此逝⑦矣！"徒中壮士愿从者十余

人。高祖被酒，夜径泽中，令一人行前⑧。行前者还报

曰："前有大蛇当径⑨，愿还。"高祖醉，曰："壮士行，何

畏！"乃前，拔剑斩蛇。蛇分为两，道开。行数里，醉困卧。

后人来至蛇所，有一老妪⑩夜哭。人问妪何哭，妪曰："人杀

---

①息女:亲生女儿。箕帚妾:打扫卫生供使唤的丫环,这是表示愿意把女儿许配给刘邦的客气话。 ②奇:认为不寻常。与:嫁给。 ③儿女子:妇孺之辈。 ④卒:最终。 ⑤徒:服劳役的犯人。骊山:在今陕西临潼境内。道亡:半路上逃走。 ⑥度:估计。比至:等到到达。丰西:今江苏丰县。泽中亭:亭名。止:停下休息。解纵:放开。 ⑦逝:离去。 ⑧被酒:醉酒。径:抄小路走。 ⑨当径:横在路中。 ⑩老妪:老年妇女。

汉书诵读本

wú zǐ." rén yuē "yù zǐ hé wèi jiàn shā yù yuē wú zǐ bái dì zǐ yě huà
吾子。"人曰："妪子何为见杀①?"妪曰："吾子，白帝子也，化

wéi shé dāng dào jīn zhě chì dì zǐ zhǎn zhī gù kū rén nǎi yǐ yù wéi bù chéng yù
为蛇，当道，今者赤帝子斩之，故哭。"人乃以妪为不诚，欲

kǔ zhī yù yīn hū bù jiàn hòu rén zhì gāo zǔ jiào gào gāo zǔ gāo zǔ nǎi xīn
苦之，妪因忽不见②。后人至，高祖觉③。告高祖，高祖乃心

dú xǐ zì fù zhū cóng zhě rì yì wèi zhī
独喜，自负④。诸从者日益畏之。

……

qín èr shì yuán nián qiū qī yuè chén shè qǐ qí zhì chén zì lì wéi chǔ wáng qiǎn
秦二世元年秋七月，陈涉起蕲，至陈，自立为楚王，遣

wǔ chén zhāng ěr chén yú lüè zhào dì bā yuè wǔ chén zì lì wéi zhào wáng jùn
武臣、张耳、陈馀略赵地⑤。八月，武臣⑥自立为赵王。郡

xiàn duō shā zhǎng lì yǐ yìng shè jiǔ yuè pèi lìng yù yǐ pèi yìng zhī yuàn zhǔ lì
县多杀长吏以应涉⑦。九月，沛令欲以沛应之⑧。掾、主吏

xiāo hé cáo cān yuē jūn wéi qín lì jīn yù bèi zhī shuài pèi zǐ dì kǒng bù
萧何、曹参曰⑨："君为秦吏，今欲背之，帅沛子弟，恐不

tīng yuàn jūn zhào zhū wáng zài wài zhě kě dé shù bǎi rén yīn yǐ jié zhòng zhòng bù
听⑩。愿君召诸亡在外者，可得数百人，因以劫众，众不

gǎn bù tīng nǎi lìng fán kuài zhào gāo zǔ gāo zǔ zhī zhòng yǐ shù bǎi rén yǐ
敢不听⑪。"乃令樊哙召高祖。高祖之众已数百人矣。

……

①见杀:被杀。 ②不诚:骗人。苦:为难。因:于是。 ③觉:睡醒。 ④自负:自以为不凡。 ⑤秦二世元年:公元前209年。陈涉:即陈胜。起:起义。蕲:县名，在今安徽宿县南。陈:县名，今河南淮阳。略:通"掠"，攻占。 ⑥武臣:秦末义军将领。 ⑦长吏:县一级的官员。应:响应。 ⑧以沛应之:率沛县人起义来响应陈涉。 ⑨掾、主吏:均为沛县的属吏。 ⑩背:背叛。帅:通"率"，率领。 ⑪愿:希望。亡在外者:逃亡在外的人。因以劫众:靠着召集逃亡在外的几百人来迫使沛县子弟一起起事。劫众,挟制民众。

二月，沛公从砀北攻昌邑，遇彭越①。越助攻昌邑，未下②。沛公西过高阳，郦食其为里监门③，曰："诸将过此者多，吾视沛公大度④。"乃求见沛公。沛公方踞床，使两女子洗⑤。郦生不拜，长揖曰："足下必欲诛无道秦，不宜踞见⑥长者。"于是沛公起，摄衣谢之，延上坐⑦。食其说⑧沛公袭陈留。沛公以为广野君，以其弟商为将，将陈留兵⑨。三月，攻开封，未拔⑩。西与秦将杨熊会战白马，又战曲遇东，大破之⑪。杨熊走之荥阳，二世使使斩之以徇⑫。四月，南攻颍川，屠之⑬。因张良⑭遂略韩地。

......

元年冬十月，五星聚于东井⑮。沛公至霸上⑯。秦

汉书诵读本

①砀北：砀县北边。昌邑：县名，在今山东巨野南。　②下：攻陷。　③高阳：邑名，在今河南杞县西南。郦食其：高阳人。里监门：看里门的小吏。　④大度：气度不凡。　⑤踞床：叉开腿坐在床上。洗：洗脚。　⑥踞见：叉腿坐着接见。　⑦摄：整理衣服。谢：道歉。延：请。　⑧说：劝说别人，使之听从自己的意见。　⑨以为：封郦食其为。将：带领。　⑩开封：县名，今河南开封西南。拔：夺取。　⑪白马：县名，在今河南滑县东。曲遇：邑名，在今河南中牟境内。　⑫走：败走。之：往。荥阳：县名，在今河南荥阳东北。斩之以徇：将杨熊斩首示众。　⑬颍川：郡名，今河南禹县。屠：屠城。　⑭因张良：靠着张良的帮助。　⑮元年：公元前206年。五星：水、火、木、金、土五星。东井：星名，即井宿。　⑯霸上：地名，在今陕西西安东。

汉书诵读本

wáng zǐ yīng sù chē bái mǎ　　xì jǐng yǐ zǔ　　fēng huáng dì xǐ fú jié　xiáng zhǐ dào
王子婴素车白马，系颈以组，封　皇帝玺符节，降枳道

páng　　zhū jiàng huò yán zhū qín wáng　pèi gōng yuē　　shǐ huái wáng qiǎn wǒ　gù yǐ néng kuān
旁①。诸将或言诛秦王，沛公曰："始怀王遣我，固以能宽

róng　qiě rén yǐ fú xiáng　shā zhī bù xiáng　　nǎi yǐ zhǔ lì　　suì xī rù xián yáng
容，且人已服降，杀之不祥②。"乃以属吏③。遂西入咸阳，

yù zhǐ gōng xiū shè　fán kuài　zhāng liáng jiàn　nǎi fēng qín zhòng bǎo cái wù fǔ kù　huán jūn
欲止宫休舍，樊哙、张　良谏，乃封秦重宝财物府库，还军

bà shàng　　xiāo hé　jìn shōu qín chéng xiàng fǔ tú jí wén shū　　shí yī yuè　zhào zhū xiàn
霸上④。萧何尽收秦丞相府图籍文书⑤。十一月，召诸县

háo jié yuē　fù lǎo kǔ qín kē fǎ jiǔ yǐ　fèi bàng zhě zú　ǒu yǔ zhě qì shì　　wú
豪杰曰："父老苦秦苛法久矣，诽谤者族，耦语者弃市⑥。吾

yǔ zhū hóu yuē　xiān rù guān zhě wàng zhī　wú dāng wàng guān zhōng　yǔ fù lǎo yuē　fǎ
与诸侯约，先入关者王之⑦，吾当王关中。与父老约，法

sān zhāng ěr　shā rén zhě sǐ　shāng rén jí dào dǐ zuì　　yú xī chú qù qín fǎ　lì
三章耳：杀人者死，伤人及盗抵罪⑧。余悉除去秦法。吏

mín jiē àn dǔ rú gù　　fán wú suǒ yǐ lái　wèi fù xiōng chú hài　fēi yǒu suǒ qīn bào
民皆按堵如故⑨。凡吾所以来，为父兄除害，非有所侵暴，

wú kǒng　　qiě wú suǒ yǐ jūn bà shàng　dài zhū hóu zhì　ér dìng yāo shù ěr　　nǎi shǐ
毋恐⑩！且吾所以军霸上，待诸侯至而定要束耳⑪。"乃使

rén yǔ qín lì xíng zhì xiàn xiāng yì gào yù　yù　zhī　　qín mín dà xǐ　zhēng chí niú yáng jiǔ
人与秦吏行至县乡邑告谕⑫之。秦民大喜，争持牛羊酒

---

①子婴：秦三世，秦始皇的孙子，秦朝最后一个统治者。系颈以组：用丝带扎住脖子。任凭发落的意思。系，扎住。组，丝带。玺符：玉玺、虎符。降：投降。枳道：亭名。②怀王：楚怀王。项梁起义后将楚怀王的子孙熊心立为楚怀王。固以能宽容：本来就认为我能宽容。③属吏：交给有司看管。④止宫休舍：留宿宫中。谏：劝阻。封：封存。⑤图：地图。籍：户籍。⑥苦：困于。族：灭族。耦语：聚在一起议论。弃市：在市场上处死示众。⑦王之：以他为王。⑧抵罪：按情节轻重相应处罚。⑨按堵：同"安堵"，安居。如故：像往常一样。⑩所以来：来的目的。侵暴：侵害虐待。毋恐：不要害怕。⑪军：驻扎部队。定：商定。要束：约束。⑫告谕：宣讲明白。

shí xiàn xiǎng jūn shì   pèi gōng ràng bù shòu yuē   cāng sù duō bù yù fèi mín   mín
食献 享军士。沛公 让不受,曰:"仓粟多,不欲费民①。"民

yòu yì xǐ   wéi kǒng pèi gōng bù wéi qín wáng
又益喜,唯恐沛公不为秦王。

……

sān yuè   hàn wáng zì lín jìn dù hé   wèi wáng bào xiáng   jiàng bīng cóng   xià hé
三月,汉王自临晋渡河,魏王豹降,将兵从②。下河

nèi   lǔ yīn wáng áng   zhì hé nèi jùn   zhì xiū wǔ   chén píng wáng chǔ lái xiáng   hàn
内,虏殷王卬,置河内郡③。至修武,陈平亡楚来降④。汉

wáng yǔ yǔ   yuè zhī   shǐ cān chéng   jiān zhū jiàng   nán dù píng yīn jīn   zhì luò yáng
王与语,说之,使参乘,监诸将⑤。南渡平阴津,至洛阳,

xīn chéng sān lǎo dǒng gōng zhē shuì hàn wáng yuē   chén wén   shùn dé zhě chāng   nì dé zhě
新城三老董 公遮说汉王曰⑥:"臣闻'顺德者昌,逆德者

wáng   bīng chū wú míng   shì gù bù chéng   gù yuē   míng qí wéi zéi   dí nǎi kě
亡','兵出无名,事故不成'。故曰:'明其为贼⑦,敌乃可

fú   xiàng yǔ wéi wú dào   fàng shā qí zhǔ   tiān xià zhī zéi yě   fú rén bù yǐ yǒng
服。'项羽为无道,放杀其主,天下之贼也⑧。夫仁不以勇,

yì bù yǐ lì   sān jūn zhī zhòng wèi zhī sù fú   yǐ gào zhī zhū hóu   wèi cǐ dōng fá   sì
义不以力,三军之众为之素服,以告之诸侯,为此东伐,四

hǎi zhī nèi mò bù yǎng dé   cǐ sān wáng zhī jǔ yě   hàn wáng yuē   shàn   fēi fū
海之内莫不仰德⑨。此三王⑩之举也。"汉王曰:"善,非夫

zǐ wú suǒ wén   yú shì hàn wáng wèi yì dì fā sāng   tǎn ér dà kū   āi lìn sān
子无所闻⑪。"于是汉王为义帝发丧,袒而大哭,哀临三

---

①费民:让百姓破费。 ②临晋:县名,在今陕西大荔东。魏王豹:原为秦贵族,后叛逃楚怀王,自立为魏王。
③河内:今河南黄河以北地区。虏:俘虏。置:设置。 ④修武:县名,今河南获嘉。亡楚:从楚国逃出。 ⑤说:通"悦"。参
乘:陪乘。 ⑥平阴津:渡口名,在今河南孟津东北。新城:邑名,在今河南伊川西南。三老:乡里负责教化的官。遮
说:拦路劝说,使听从自己的意见。 ⑦明其为贼:指明是逆贼。 ⑧放杀:流放杀害。主:义帝。 ⑨仁不以勇:仁义不靠
勇武。义不以力:正义不靠暴力。素服:丧服。仰德:仰慕仁德。 ⑩三王:夏禹、商汤、周文王。 ⑪无所闻:听不到这
些话。

7

袒①。发使告诸侯曰:"天下共立义帝,北面②事之。今项羽放杀义帝江南,大逆无道。寡人亲为发丧,兵皆缟素③。悉发关中兵,收三河士,南浮江汉以下,愿从诸侯王击楚之杀义帝者④。"

……

五月,汉王屯荥阳,萧何发关中老弱未傅者悉诣军⑤。韩信亦收兵与汉王会,兵复大振。与楚战荥阳南京、索间,破之⑥。筑甬道,属河,以取敖仓粟⑦。魏王豹谒归⑧视亲疾。至则绝河津,反为楚⑨。

……

项羽数侵夺汉甬道,汉军乏食,与郦食其谋桡⑩楚权。食其欲立六国后以树党,汉王刻印,将遣食其立之⑪。以

---

①袒:露出左臂。临:吊丧。 ②北面:面朝北方,古代天子听朝面朝南坐,群臣面朝北拜。 ③缟素:白色的丧服。 ④三河:河东、河南、河内三郡。浮:顺流。江、汉:长江、汉水。诸侯王:诸侯及诸王。 ⑤屯:驻扎。未傅者:没有在服兵役名册登记过的人。诣:到。 ⑥京:县名,在今河南荥阳东南。索:邑名,在今河南荥阳。 ⑦甬道:两边有墙的通道。属:连接。河:黄河。敖仓:敖山上的粮仓。 ⑧谒归:请假回家。 ⑨绝河津:断绝黄河渡口。反为楚:反汉降楚。 ⑩桡:削弱。 ⑪后:后代。树:建立。党:同盟。

问张良，良发八难①。汉王辍饭吐哺②，曰："竖儒几败乃公事③！"令趋④销印。又问陈平，乃从其计，与平黄金四万斤，以间疏⑤楚君臣。

夏四月，项羽围汉荥阳，汉王请和，割荥阳以西者为汉。亚父劝项羽急攻荥阳，汉王患之⑥。陈平反间既行⑦，羽果疑亚父。亚父大怒而去，发病死。

……

羽下梁地十余城，闻海春侯破，乃引兵还⑧。汉军方围钟离眜于荥阳东，闻羽至，尽走险阻⑨。羽亦军广武，与汉相守。丁壮苦军旅，老弱罢转饷⑩。汉王、羽相与临广武之间⑪而语。羽欲与汉王独身挑战，汉王数⑫羽曰："吾始与羽俱受命怀王，曰先定关中者王之。羽负

汉书诵读本

---

①发八难：提出八点反对意见。②辍：停下。哺：嘴里吃的东西。③竖儒：对儒生的鄙称。几：几乎。乃公：你老子。④趋：通"促"，赶快。⑤间疏：挑拨离间。⑥亚父：范增，项羽尊范增为"亚父"，意思是仅次于父亲。患：忧虑。⑦行：实施。⑧海春侯：楚将曹咎。还：返回。⑨钟离眜：项羽的部将。尽走险阻：都逃往险要的地方。走：逃走。⑩丁壮：成年男子。苦：苦于。罢：同"疲"，疲惫。转饷：运输粮饷。⑪临广武之间：面对着着"广武涧"这条深沟，广武山上有一条由南向东北的巨壑，史称"广武涧"。⑫数：指责。

约，王我于蜀汉①，罪一也。羽矫杀卿子冠军，自尊，罪二也②。羽当以救赵还报，而擅劫诸侯兵入关，罪三也③。怀王约入秦无暴掠，羽烧秦宫室，掘始皇冢，收私其财，罪四也④。又强杀秦降王子婴，罪五也。诈坑秦子弟新安二十万，王其将，罪六也⑤。皆王诸将善地，而徙逐故主，令臣下争畔逆，罪七也⑥。出逐义帝彭城，自都之，夺韩王地，并王梁楚，多自与，罪八也⑦。使人阴杀⑧义帝江南，罪九也。夫为人臣而杀其主，杀其已降，为政不平，主约不信⑨，天下所不容，大逆无道，罪十也。吾以义兵从诸侯诛残贼，使刑余罪人击公，何苦乃与公挑战⑩！"羽大怒，伏弩射中汉王，汉王伤胸，乃扪足曰⑪："虏⑫中吾指！"

---

①王我于蜀汉：把我打发到蜀地为王。②矫杀：假借王命杀害。卿子冠军：宋义。自尊：自己居高位。③救赵还报：救赵之后回来向怀王复命。擅劫：擅自强迫。④约：约定。冢：坟墓。私：私藏。⑤诈坑秦子弟新安二十万：指项羽将已投降的章邯手下二十万秦军士兵活埋。诈坑，欺诈活埋。新安，县名，在今河南渑池东。王其将：封他们的将领为王。⑥王诸将：分封自己手下各位将领。善地：好地方。徙逐：迁移赶走。故主：原来的统治者。畔逆：叛变。畔，通"叛"。⑦出逐：赶出。都：建都。并王梁楚：同时在梁地和楚地为王。多自与：多给自己封地。⑧阴杀：暗杀。⑨不信：不守信。⑩义兵：正义之师。刑余罪人：受过刑罚的罪人。⑪伏弩：暗箭。扪：捂着。⑫虏：贼。

汉书诵读本

10

hàn wáng bìng chuāng wò　　zhāng liáng qiǎng qǐng hàn wáng qǐ xíng láo jūn　　yǐ ān shì zú　wú

汉 王 病 创 卧，张 良 强 请 汉 王 起 行 劳 军，以 安 士 卒，毋

lìng chǔ chéng shèng　　hàn wáng chū xíng jūn　jí shèn　yīn chí rù chéng gāo

令 楚 乘 胜①。汉 王 出 行 军，疾 甚②，因 驰 入 成 皋。

……

hàn wáng jí yù　xī rù guān　zhì yuè yáng　cún wèn fù lǎo　zhì jiǔ　xiāo gù

汉 王 疾 愈，西 入 关，至 栎 阳，存 问 父 老，置 酒③。枭 故

sài wáng xīn tóu yuè yáng shì　　liú sì rì　fù rú jūn　jūn guǎng wǔ　guān zhōng bīng

塞 王 欣 头 栎 阳 市④。留 四 日，复 如 军，军 广 武。关 中 兵

yì chū　ér péng yuè　tián héng jū liáng dì　wǎng lái kǔ chǔ bīng　jué qí liáng shí

益 出，而 彭 越、田 横 居 梁 地，往 来 苦 楚 兵，绝 其 粮 食⑤。

……

xiàng yǔ zì zhī shǎo zhù shí jìn　hán xìn yòu jìn bīng jī chǔ　yǔ huàn zhī　hàn qiǎn

项 羽 自 知 少 助 食 尽，韩 信 又 进 兵 击 楚，羽 患 之。汉 遣

lù jiǎ shuì yǔ　qǐng tài gōng　yǔ fú tīng　　hàn fù shǐ hóu gōng shuì yǔ　yǔ nǎi yǔ hàn

陆 贾 说 羽，请 太 公，羽 弗 听⑥。汉 复 使 侯 公 说 羽，羽 乃 与 汉

yuē　zhōng fēn tiān xià　gē hóng gōu yǐ xī wéi hàn　yǐ dōng wéi chǔ　jiǔ yuè　guī tài

约，中 分 天 下，割 鸿 沟 以 西 为 汉，以 东 为 楚⑦。九 月，归 太

gōng　lǚ hòu　jūn jiē chēng wàn suì　　nǎi fēng hóu gōng wéi píng guó jūn　yǔ jiě　ér dōng

公、吕 后，军 皆 称 万 岁。乃 封 侯 公 为 平 国 君。羽 解⑧而 东

guī　hàn wáng yù xī guī　zhāng liáng　chén píng jiàn yuē　jīn hàn yǒu tiān xià tài bàn　ér

归。汉 王 欲 西 归，张 良、陈 平 谏 曰："今 汉 有 天 下 太 半，而

zhū hóu jiē fù　chǔ bīng pí shí jìn　cǐ tiān wáng zhī shí　bù yīn qí jī ér suì qǔ zhī

诸 侯 皆 附，楚 兵 罢 食 尽，此 天 亡 之 时，不 因 其 几 而 遂 取 之，

高帝纪

汉书诵读本

①病创：受伤。强：硬性。劳军：慰劳士兵。安：安定。 ②疾甚：伤口疼的厉害。 ③愈：病愈，痊愈。栎阳：县名，在今陕西西安附近。存问：慰问。 ④枭：斩首示众。故塞王欣：指项羽所封统治关中的三位秦将之一塞王司马欣。市：市场。 ⑤益：增加。苦：困扰。绝：断绝。 ⑥说：劝说别人，使听从自己的意见。请：要求送还。太公：被项羽抓去的刘邦父亲。 ⑦侯公：当时出名的辩士。鸿沟：在今河南境内。 ⑧解：罢兵。

suǒ wèi yǎng hǔ zì yí huàn yě　　hàn wáng cóng zhī
所谓养虎自遗患也①。"汉王 从之。

……

shí èr yuè　wéi yǔ gāi xià　　　yǔ yè wén hàn jūn sì miàn jiē chǔ gē　zhī jìn dé
十二月，围羽垓下②。羽夜闻汉军四面皆楚歌，知尽得

chǔ dì　yǔ yǔ shù bǎi jì zǒu　shì yǐ bīng dà bài　　guàn yīng zhuī zhǎn yǔ dōng chéng
楚地，羽与数百骑走，是以兵大败。灌婴追斩羽东城③。

chǔ dì xī dìng　dú lǔ　bù xià　　hàn wáng yǐn tiān xià bīng yù tú zhī　wèi qí shǒu jié
楚地悉定，独鲁④不下。汉王引天下兵欲屠之，为其守节

lǐ yì zhī guó　nǎi chí yǔ tóu shì qí fù xiōng　lǔ nǎi xiáng　　chū huái wáng fēng yǔ
礼义之国，乃持羽头示其父兄，鲁乃降⑤。初，怀王封羽

wéi lǔ gōng　jí sǐ　lǔ yòu wèi zhī jiān shǒu　gù yǐ lǔ gōng zàng yǔ yú gǔ chéng　hàn
为鲁公，及死，鲁又为之坚守，故以鲁公⑥葬羽于谷城。汉

wáng wèi fā sāng　kū lìn　ér qù　　fēng xiàng bó děng sì rén wéi liè hóu　cì xìng liú
王为发丧，哭临⑦而去。封 项伯等四人为列侯，赐姓刘

shì　zhū mín lüè　zài chǔ zhě jiē guī zhī　　hàn wáng huán zhì dìng táo　chí rù qí wáng
氏。诸民略⑧在楚者皆归之。汉王 还至定陶，驰入齐王

xìn bì　duó qí jūn　　chū xiàng yǔ suǒ lì lín jiāng wáng gòng áo qián sǐ　zǐ wèi sì
信壁，夺其军⑨。初项羽所立临江王共敖前死⑩，子尉嗣

lì wéi wáng　bù xiáng　qiǎn lú wǎn　liú jiǎ jī lǔ wèi
立为王，不降。遣卢绾、刘贾击虏尉⑪。

chūn zhēng yuè　zhuī zūn xiōng bó　hào yuē wǔ āi hóu　xià lìng yuē　chǔ dì yǐ
春 正月，追尊兄伯⑫号曰武哀侯。下令曰："楚地已

---

①太半：多半。附：归顺。罢：通"疲"，疲惫。天亡之时：老天要灭亡项羽的时候。因其几：乘着他们疲弱的机会。
②垓下：地名，在今安徽灵璧东南。③东城：县名，在今安徽定远东南。④鲁：县名，今山东曲阜。⑤守节礼义：坚守气节讲求礼义。示：拿给看。⑥以鲁公：以鲁公的礼仪。⑦临：吊丧。⑧略：通"掠"，被抢掠。⑨壁：军营。夺其军：夺回军权。⑩前死：已死。⑪击虏尉：攻打并俘虏尉。⑫伯：刘伯，刘邦早死的哥哥。

dìng yì dì wú hòu yù cún xù chǔ zhòng yǐ dìng qí zhǔ qí wáng xìn xí chǔ fēng
定，义帝亡后，欲存恤楚众，以定其主①。齐王信习楚风

sú gēng lì wéi chǔ wáng wàng huái běi dū xià pī wèi xiàng guó jiàn chéng hóu péng yuè
俗，更立为楚王，王淮北，都下邳②。魏相国建城侯彭越

qín láo wèi mín bēi xià shì zú cháng yǐ shǎo jī zhòng shuò pò chǔ jūn qí yǐ wèi gù
勤劳魏民，卑下士卒，常以少击众，数破楚军，其以魏故

dì wàng zhī hào yuē liáng wáng dū dìng táo yòu yuē bīng bù dé xiū bā nián wàn
地王之，号曰梁王，都定陶③。"又曰："兵不得休八年，万

mín yǔ kǔ shèn jīn tiān xià shì bì qí shè tiān xià shū sǐ yǐ xià
民与苦甚，今天下事毕，其赦天下殊死以下④。"

……

dì nǎi xī dū luò yáng xià wǔ yuè bīng jiē bà guī jiā
帝乃西都⑤洛阳。夏五月，兵皆罢⑥归家。……

dì zhì jiǔ luò yáng nán gōng shàng yuē tōng hóu zhū jiàng wú gǎn yǐn zhèn jiē
帝置酒雒阳⑦南宫。上曰："通侯诸将毋敢隐朕，皆

yán qí qíng wú suǒ yǐ yǒu tiān xià zhě hé xiàng shì zhī suǒ yǐ shī tiān xià zhě
言其情⑧。吾所以有天下者何？项氏⑨之所以失天下者

hé gāo qǐ wáng líng duì yuē bì xià màn ér wǔ rén xiàng yǔ rén ér jìng rén
何？"高起、王陵对曰："陛下嫚⑩而侮人，项羽仁而敬人。

rán bì xià shǐ rén gōng chéng lüè dì suǒ xiáng xià zhě yīn yǐ yǔ zhī yǔ tiān xià tóng lì
然陛下使人攻城略地，所降下者，因以与之，与天下同利

yě xiàng yǔ dù xián jí néng yǒu gōng zhě hài zhī xián zhě yí zhī zhàn shèng ér bù
也⑪。项羽妒贤嫉能，有功者害之，贤者疑之，战胜而不

---

①存恤：抚慰。定：立。 ②更：改。下邳：地名，今江苏邳州附近。 ③勤劳魏民：为魏民辛苦劳累。备下：谦恭。定陶：县名，在今山东定陶西北。 ④赦：赦免。殊死以下：死刑以下的罪。 ⑤都：定都。 ⑥罢：复员。 ⑦雒阳：即洛阳。 ⑧通侯：彻侯，爵名。隐：隐瞒。情：缘由。 ⑨项氏：指项羽。 ⑩嫚：轻慢。 ⑪降下者：投降及夺取的。因以与之：就把攻下的地盘给他。

与人功，得地而不与人利，此其所以失天下也。"上曰："公知其一，未知其二。夫运筹帷幄之中，决胜千里之外，吾不如子房①；填国家，抚百姓，给饷馈，不绝粮道，吾不如萧何②；连百万之众，战必胜，攻必取，吾不如韩信。三者皆人杰，吾能用之，此吾所以取天下者也。项羽有一范增而不能用，此所以为我禽③也。"群臣说服④。

……

九年冬十月，淮南王、梁王、赵王、楚王朝未央宫，置酒前殿。上奉玉卮为太上皇寿⑤，曰："始大人常以臣亡赖，不能治产业，不如仲力⑥。今某之业所就孰与仲多⑦?"殿上群臣皆称万岁，大笑为乐。

……

十二年冬十月，上破布军于会缶，布走，令别将

①运筹：出谋划策。帷幄：房子里所挂的帐幔。子房：张良。　②填：通"镇"，安定。给：供应。　③禽：通"擒"。
④说服：心悦诚服。说，通"悦"。　⑤玉卮：酒器。太上皇：刘邦父亲。　⑥亡：通"无"。不如仲力：不如老二有本事。
⑦某：我，这里指刘邦自己。孰与仲多：与老二相比谁多?

zhuī zhī
追之①。

上 还，过 沛，留，置酒沛宫，悉召故人父老子弟佐
酒②。发③沛中儿得百二十人，教之歌。酒酣，上击筑④，自
歌曰："大风起兮云飞扬，威加海内兮归故乡，安得猛士兮
守四方！"令儿皆和习之。上乃起舞，慷慨伤怀，泣⑤数行
下。谓沛父兄曰："游子悲故乡。吾虽都关中，万岁之
后⑥吾魂魄犹思沛。且朕自沛公以诛暴逆，遂有天下，其以
沛为朕汤沐邑，复其民，世世无有所与⑦。"沛父老诸母故人
日乐饮极欢，道旧故为笑乐⑧。十余日，上欲去，沛父兄
固请⑨。上曰："吾人众多，父兄不能给⑩。"乃去。沛中
空县皆之邑西献⑪。上留止，张饮⑫三日。沛父兄皆顿
首曰："沛幸得复，丰未得，唯陛下哀矜⑬。"上曰："丰者，吾

①布：黥布。会缶：地名，在今安徽宿县南。②佐酒：陪同饮酒。③发：征。④筑：一种乐器。⑤泣：泪水。
⑥万岁之后：死后。⑦汤沐邑：古时给予帝王贵族的封地，据说邑中所出赋税是为了供其斋戒沐浴之费用的。复：免
除徭役。无有所与：不再负担徭役。⑧道旧故为笑乐：拿以前的故事当笑话讲。⑨固请：一再请求挽留。⑩给：供
应。⑪空县：全县出动。之：往。献：贡献酒食送行。⑫张饮：设帐聚饮。⑬矜：怜悯。

所生^{zhǎng}长,极不忘耳。吾特以其为雍齿故反我为魏^①。"沛

父兄固请之,乃并复丰,比沛^②。

……

上击布时,为流矢所中,行道疾^③。疾甚,吕后迎^④良

医。医入见,上问医。曰:"疾可治。"于是上嫚骂^⑤之,

曰:"吾以布衣提三尺^⑥取天下,此非天命乎?命乃在天,

虽扁鹊何益!"遂不使治疾,赐黄金五十斤,罢之。吕后问

曰:"陛下百岁^⑦后,萧相国既死,谁令代之?"上曰:"曹参

可。"问其次,曰:"王陵可,然少戆^⑧,陈平可以助之。陈

平知^⑨有余,然难独任。周勃重厚少文^⑩,然安刘氏者必勃

也,可令为太尉。"吕后复问其次,上曰:"此后亦非乃^⑪所

知也。"

---

①以其为雍齿故反我为魏:因为他们曾跟随雍齿反叛归顺魏,我才不想免除徭役。②比沛:与沛县相同。
③行道疾:走到半路伤重。 ④迎:请。 ⑤嫚骂:辱骂。 ⑥三尺:三尺之剑。 ⑦百岁:死的委婉说法。 ⑧少戆:有点
刚直。 ⑨知:通"智",智慧。 ⑩重厚少文:稳重忠厚但缺乏文才。 ⑪乃:你。

lú wǎn yǔ shù qiān rén jū sài xià hòu sì   xìng shàng jí yù   zì rù xiè   xià
卢绾与数千人居塞下候伺，幸　上疾愈，自入谢①。夏

sì yuè jiǎ chén   dì bēng yú cháng lè gōng   lú wǎn wén zhī   suì wáng rù   xiōng nú
四月甲辰，帝崩于长乐宫②。卢绾闻之，遂亡入③匈奴。

……

wǔ yuè bǐng yín   zàng cháng líng   yǐ xià   huáng tài zǐ qún chén jiē fǎn zhì tài
五月丙寅，葬　长陵④。已下，皇太子群臣皆反至太

shàng huáng miào   qún chén yuē   dì qǐ xì wēi   bō luàn shì fǎn zhī zhèng   píng dìng tiān
上　皇庙⑤。群臣曰："帝起细微，拨乱世反之正，平定天

xià   wéi hàn tài zǔ   gōng zuì gāo   shàng zūn hào yuē gāo huáng dì
下，为汉太祖，功最高⑥。"上尊号曰高皇帝⑦。

……

---

①塞下：北方边塞附近。幸：希望。谢：谢罪，意思是解释清楚刘邦认为卢绾谋反的原委。　②四月甲辰：公元前195年阴历4月25日。崩：古代称帝王死为"崩"。　③亡入：逃入。　④五月丙寅：阴历5月17日。长陵：汉高祖墓，在今陕西咸阳东北。　⑤已下：已下棺。反：通"返"，返回。　⑥细微：卑微。拨：治理。　⑦高皇帝：刘邦的谥号。

萧何传（节选）

萧何，沛①人也。以文毋害为沛主吏掾②。高祖为布衣时，数以吏事护高祖③。高祖为亭长，常佑④之。高祖以吏繇咸阳，吏皆送奉钱三，何独以五⑤。秦御史监郡者，与从事辨之⑥。何乃给泗水卒史事，第一⑦。秦御史欲入言征何，何固请，得毋行⑧。

及高祖起为沛公，何尝为丞督事⑨，沛公至咸阳，诸将皆争走金帛财物之府分之，何独先入收秦丞相御史律令图书藏之⑩。沛公具知天下厄塞，户口多少，强弱处，

---

①沛：县名，今江苏沛县。　②文毋害：善于写文书而毫无瑕疵。一说精通律令而不刻薄害人。主吏掾：县令的属吏。　③布衣：平民。吏事：官吏的身份。　④佑：庇护。　⑤以吏：以吏的身份。繇：通"徭"，服役。奉钱三：俸钱的十分之三。奉，通"俸"，俸禄。以五：以俸钱的十分之五。　⑥监郡：监察郡县。从事：御史的属官。与从事辨之：萧何与御史属官一起工作。辨，同"办"。　⑦给：授予。泗水：郡名，在今安徽淮北西。卒史：小吏。第一：业绩考核最好。　⑧入言：上奏请示。征：征用。固请：坚决推辞。毋行：不被调走。　⑨起：起事。丞：长官的助手。督事：督办诸事。　⑩争走：争先恐后地奔向。丞相御史：丞相府和御史大夫府。藏：通"藏"。

mín suǒ jí kǔ zhě　　yǐ hé dé qín tú shū yě
民所疾苦者，以何得秦图书也①。

　　chū　zhū hóu xiāng yǔ yuē　xiān rù guān pò qín zhě wàng qí dì　　pèi gōng jì xiān
初，诸侯相与约，先入关破秦者王其地②。沛公既先

dìng qín　xiàng yǔ hòu zhì　　yù gōng pèi gōng　pèi gōng xiè zhī dé jiě　　yǔ suì tú shāo
定秦，项羽后至，欲攻沛公，沛公谢之得解③。羽遂屠烧

xián yáng　　yǔ fàn zēng móu yuē　　bā shǔ dào xiǎn　qín zhī qiān mín jiē jū shǔ　　nǎi yuē
咸阳，与范增谋约："巴蜀道险，秦之迁民皆居蜀。"乃曰：

shǔ hàn yì guān zhōng dì yě　　　gù lì pèi gōng wéi hàn wáng　　ér sān fēn guān zhōng dì
"蜀汉亦关中地也④。"故立沛公为汉王，而三分关中地，

wàng qín xiáng jiàng yǐ jù hàn wáng　　hàn wáng nù　　yù móu　gōng xiàng yǔ　　zhōu bó
王秦降将以距汉王⑤。汉王怒，欲谋⑥攻项羽。周勃、

guàn yīng　fán kuài jiē quàn zhī　　hé jiàn zhī yuē　　suī wàng hàn zhōng zhī è　　bù yóu yù yú
灌婴、樊哙皆劝之，何谏之曰："虽王汉中之恶，不犹愈于

sǐ hū　　　hàn wáng yuē　　hé wèi nǎi sǐ yě　　hé yuē　　jīn zhòng　fú rú　bǎi zhàn
死乎⑦？"汉王曰："何为乃死也⑧？"何曰："今众⑨弗如，百战

bǎi bài　bù sǐ hé wéi　　zhōu shū　yuē tiān yǔ bù qǔ　fǎn shòu qí jiù　　　yǔ yuē
百败，不死何为？《周书》曰'天予不取，反受其咎⑩'。语曰

tiān hàn　　　qí chēng shèn měi　　fú néng qū yú yī rén zhī xià　　ér shēn yú wàn shèng zhī
'天汉'，其称甚美⑪。夫能诎于一人之下，而信于万乘之

shàng zhě　tāng wǔ shì yě　　　chén yuàn dà wáng wàng hàn zhōng　yǎng qí mín yǐ zhì xián rén
上者，汤武是也⑫。臣愿大王王汉中，养其民以致贤人，

①具知：详细了解。厄塞：要塞。　②关：函谷关。王其地：在关中称王。　③谢之得解：向项羽谢罪才得以解脱。
④蜀汉亦关中地也：巴蜀、汉中也是关中地盘，意思是蜀汉也受关中的管辖。　⑤三分：分为三份。王秦降将：封秦朝
投降的将领为王。封章邯为雍王，管辖关中西部；封司马欣为塞王，管辖关中东部，封董翳为翟王，管辖关中北部，这
就是"三秦"的由来。距：同"拒"，阻挡。　⑥谋：计划。　⑦恶：害处。愈：胜过。　⑧何为乃死也：怎么样就会死呢。
⑨众：士兵人数。　⑩咎：灾祸。　⑪语：俗话。天汉：大河。其称甚美：指汉中"天汉"的称谓很美。　⑫信：通"伸"，伸
展。万乘：一万辆兵车，引申为天子。

收用巴蜀，还定三秦，天下可图也①。"汉王曰："善。"乃遂

就国②，以何为丞相。何进韩信，汉王以为大将军，说汉

王令引兵东定三秦③。语在《信传》④。

何以丞相留收巴蜀，填抚谕告，使给军食⑤。汉二

年，汉王与诸侯击楚，何守关中，侍太子，治栎阳⑥。为令

约束，立宗庙、社稷、宫室、县邑，辄奏，上可许以从事⑦；

即不及奏，辄以便宜施行，上来以闻⑧。计户转漕给军，汉

王数失军遁去，何常兴关中卒，辄补缺⑨。上以此剸

属⑩任何关中事。

汉三年，与项羽相距京、索间，上数使使劳苦丞

相⑪。鲍生谓何曰："今王暴衣露盖⑫，数劳苦君者，有疑

①王：称王。致：招揽。收用巴蜀：收用巴、蜀的财力物力。图：谋取。 ②就国：去封国上任。 ③进：推荐。说：建议。令引兵：让韩信领兵。 ④《信传》：即《韩信传》 ⑤留收：留守接管。填：通"镇"，安定。谕告：通告。使给：让(老百姓)供应。 ⑥侍：侍奉。栎阳：县名，在今陕西临潼东北。 ⑦为令约束：制定法律及规章制度。立：设立。社：土神。稷：谷神。辄：就。上：皇上，指刘邦。可许以从事：准许奏请，听从行事。 ⑧便宜施行：根据实际情况灵活处理。来：回来。以闻：将所办之事再行汇报。 ⑨计户：按户计算征收粮饷。转漕：运输。给军：供应军需。失军：丢下大军。遁：逃跑。兴：征发。 ⑩剸属：即专属，全权负责处理。 ⑪京：县名，在今河南荥阳南。索：邑名，在今河南荥阳。使使：派使者。劳苦：慰劳。 ⑫暴衣露盖：意思是风吹日晒，劳累奔波很辛苦。暴，太阳晒。露，露水淋。盖，车盖。

jūn xīn　　　wèi jūn jì　　　mò ruò qiǎn jūn zǐ sūn kūn dì néng shèng bīng zhě xī yì jūn suǒ
君心。为君计，莫若遣君子孙昆弟能 胜 兵者悉诣军所，

shàng yì xìn jūn　　　　yú shì hé cóng qí jì　　hàn wáng dà yuè
上益信君①。"于是何从其计，汉王大说②。

hàn wǔ nián　　yǐ shā xiàng yǔ　　jí huáng dì wèi　　lùn gōng xíng fēng　qún chén zhēng
汉五年，已杀项羽，即 皇帝位，论功行封，群臣争

gōng　suì yú　bù jué　　shàng yǐ hé gōng zuì shèng　xiān fēng wéi zàn hóu　shí yì bā qiān
功，岁余③不决。上以何功最盛，先封为酂侯，食邑八千

hù　　　gōng chén jiē yuē　　chén děng shēn bèi jiān zhí bīng　duō zhě bǎi yú zhàn　shǎo zhě shù
户④。功臣皆曰："臣等身被坚执兵，多者百余战，少者数

shí hé　gōng chéng lüè dì　　dà xiǎo gè yǒu chā　　jīn xiāo hé wèi yǒu hàn mǎ zhī láo　tú
十合，攻 城略地，大小各有差⑤。今萧何未有汗马之劳，徒

chí wén mò yì lùn　bù zhàn　gù jū chén děng shàng　hé yě　　shàng yuē　　zhū jūn zhī
持文墨议论，不战，顾居臣等上，何也⑥?"上曰："诸君知

liè hū　　yuē　zhī zhī　　zhī liè gǒu hū　　yuē　zhī zhī　　shàng yuē　fú liè
猎乎?"曰："知之。""知猎狗乎?"曰："知之。"上曰："夫猎，

zhuī shā shòu zhě gǒu yě　ér　fā zòng zhǐ shì shòu chù zhě rén yě　　jīn zhū jūn tú néng zǒu
追杀兽者狗也，而发纵指示兽处者人也⑦。今诸君徒能走

dé shòu ěr　gōng gǒu yě　　zhì rú xiāo hé　fā zòng zhǐ shì　gōng rén　yě　qiě zhū jūn
得兽耳，功狗也⑧；至如萧何，发纵指示，功人⑨也。且诸君

dú yǐ shēn cóng wǒ　duō zhě sān liǎng rén　xiāo hé jǔ zōng　shù shí rén jiē suí wǒ　gōng
独以身⑩从我，多者三两人；萧何举宗⑪数十人皆随我，功

①为君计:为您着想。昆弟:兄弟。胜兵:能够打仗。诣军所:派到军中。　②说:通"悦"，高兴。　③岁余:一年多。
④盛:大，高。酂:县名，在今湖北均县东南。食邑:古代君主赐给臣下一定户数的封地做为世禄，在封地内按户数征收租税，同时让封户承担徭役等相应的义务。　⑤被坚执兵:穿着铠甲，拿着武器。被，通"披"。合:回合。略:通"掠"，侵占。差:差别。　⑥徒:只是。持文墨:舞文弄墨。顾:反而。居:位于。　⑦发:放开缰绳。纵:唆使(猎狗)。兽处:猎物所在位置。　⑧走:追逐。功狗:猎狗的功劳。　⑨功人:指挥打猎的人的功劳。　⑩身:自己。　⑪举宗:整个家族。

萧何传

汉书诵读本

21

bù kě wàng yě　　qún chén hòu jiē mò gǎn yán
不可忘也!"群臣后皆莫敢言。

　　　　lièhóu bì yǐ shòufēng　zòu wèi cì　 jiē yuē　　píngyáng hóu cáo cān shēn bèi qī shí
　　　　列侯毕已受封,奏位次,皆曰:"平阳侯曹参身被七十

chuāng gōng chéng lüè dì　gōng zuì duō　yí dì yī　　shàng yǐ ráo gōng chén duō fēng hé
创 ,攻 城 略 地,功最多,宜第一①。"上已桡功臣多封何,

zhì wèi cì wèi yǒu yǐ fù nàn zhī　rán xīn yù hé dì yī　　guān nèi hóu è qiū shí wéi
至位次未有以复难之,然心欲何第一②。关内侯鄂秋时为

yè zhě　jìn yuē　　qún chén yì jiē wù　　fú cáo cān suī yǒu yě zhàn lüè dì zhī gōng　cǐ
谒者,进曰③:"群臣议皆误。夫曹参虽有野战略地之功,此

tè yī shí zhī shì　　fú shàng yǔ chǔ xiāng jù wǔ suì　shī jūn wáng zhòng　tiào shēn dùn zhě
特一时之事。夫上与楚相距五岁,失军亡 众,跳身遁者

shù yǐ　rán xiāo hé cháng cóng guān zhōng qiǎn jūn bǔ qí chù　　fēi shàng suǒ zhào lìng zhào
数矣,然萧何常 从关 中 遣军补其处④。非上所诏令召,

ér shù wàn zhòng huì shàng fá jué zhě shù yǐ　　fú hàn yǔ chǔ xiāng shǒu xíng yáng shù nián
而数万 众会上乏绝者数矣⑤。夫汉与楚相守荥阳数年,

jūn wú xiàn liáng　xiāo hé zhuǎn cáo guānzhōng　jǐ shí bù fá　　bì xià suī shuòwáng shān
军无见粮,萧何转漕关中,给食不乏⑥。陛下虽数亡 山

dōng xiāo hé cháng quán guān zhōng dài bì xià　cǐ wàn shì gōng yě　　jīn suī wú cáo cān
东,萧何常 全关 中待陛下,此万世功也⑦。今虽无曹参

děng bǎi shù　hé quē yú hàn　　hàn dé zhī bù bì dài yǐ quán　　nài hé yù yǐ yī dàn
等百数,何缺于汉⑧? 汉得之不必待以全⑨。奈何欲以一旦

zhī gōng jiā wàn shì zhī gōng zāi　　xiāo hé dāng dì yī　cáo cān cì zhī　shàng yuē
之功加万世之功哉⑩! 萧何当第一,曹参次之。"上曰:

①被:遭受。创:伤。②桡:通"扰",使屈从。未有以复难之:没有再拒绝功臣们的理由。③关内侯:爵名。进曰:上前说。④跳身遁:轻身逃跑。补:补充。⑤会:正遇上。乏绝:弹尽粮绝。数:多次。⑥相守:对峙。无见粮:缺乏粮食。见,通"现"。给:供给。⑦亡:丢失。山东:崤山或华山以东地区,又称关东。全:保全。⑧无曹参等百数:没有像曹参这样的人一百多个。缺:损失。⑨汉得之不必待以全:汉室有了他们也不见得就一定能保全。⑩一旦:一天。加:超过。

shàn　　yú shì nǎi lìng hé dì yī　cì dài jiàn lǚ shàng diàn　rù cháo bù qū　　shàng
"善。"于是乃令何第一，赐带剑履上殿，入朝不趋①。上

yuē　wú wén jìn xián shòu shàng shǎng　xiāo hé gōng suī gāo　dài è jūn nǎi dé míng
曰："吾闻进贤受上赏，萧何功虽高，待鄂君乃得明②。"

yú shì yīn è qiū gù suǒ shí　guān nèi hóu yì èr qiān hù　fēng wéi ān píng hóu　shì rì
于是因鄂秋故所食③关内侯邑二千户，封为安平侯。是日，

xī fēng hé fù mǔ xiōng dì shí yú rén　jiē shí yì　nǎi yì fēng hé èr qiān hù　　yǐ
悉封何父母兄弟十余人，皆食邑。乃益封何二千户，"以

cháng yáo xián yáng shí hé sòng wǒ dú yíng qián èr yě
尝繇咸阳时何送我独赢钱二也④"。

chén xī fǎn　shàng zì jiàng　zhì hán dān　ér hán xìn móu fǎn guān zhōng　lǚ hòu
陈豨反，上自将⑤，至邯郸。而韩信谋反关中，吕后

yòng hé jì　zhū xìn　yǔ zài　xìn zhuàn　　shàng yǐ wén zhū xìn　shǐ shǐ bài chéng xiàng
用何计⑥诛信。语在《信传》。上已闻诛信，使使拜丞相

wéi xiàng guó　yì fēng wǔ qiān hù　lìng zú wǔ bǎi rén yī dū wèi wéi xiàng guó wèi　　zhū
为相国，益封五千户，令卒五百人一都尉为相国卫⑦。诸

jūn jiē hè　shào píng dú diào　　shào píng zhě　gù qín dōng líng hóu　qín pò　wéi bù
君皆贺，召平独吊⑧。召平者，故秦东陵侯。秦破，为布

yī　pín　zhòng guā cháng ān chéng dōng　guā měi　gù shì wèi⑨ dōng líng guā　cóng shào píng
衣，贫，种瓜长安城东，瓜美，故世谓⑨"东陵瓜"，从召平

shǐ yě　　píng wèi hé yuē　huò zì cǐ shǐ yǐ　shàng bào lù yú wài　ér jūn shǒu yú
始也。平谓何曰："祸自此始矣。上暴露于外，而君守于

nèi　fēi bèi shǐ shí zhī nàn　ér yì jūn fēng zhì wèi zhě　yǐ jīn zhě huái yīn xīn fǎn yú
内，非被矢石之难，而益君封置卫者，以今者淮阴新反于

①赐带剑履上殿：古时上殿朝见皇帝，要脱鞋除去佩剑，允许佩剑穿履上殿，是特别的优待。趋：低下头小跑。
②进贤：推荐贤才。明：清楚。　③故所食：以前的食邑。　④益封：加封。尝：通"偿"，补偿报答。赢：多出的。二：指
刘邦去咸阳服役时，其他人送俸钱的十分之三，唯独萧何送俸钱的十分之五。⑤自将：带兵亲征。将，率领。
⑥何计：萧何的计谋。　⑦卫：护卫。　⑧吊：表示哀悼。　⑨世谓：世人所称。

中，有疑君心^①。夫置卫卫君，非以宠君也。愿君让封勿

受，悉以家私财佐军^②。"何从其计，上说。

　　其秋，黥布反，上自将击之，数使使问相国何为^③。

曰："为上在军，拊循勉百姓，悉所有佐军，如陈豨时^④。"客

又说何曰："君灭族不久^⑤矣。夫君位为相国，功第一，不

可复加。然君初入关，本得百姓心，十余年矣。皆附君，

尚复孳孳得民和^⑥。上所谓数问君，畏君倾动^⑦关中。

今君胡不多买田地，贱贳贷以自污^⑧？上心必安。"于是何

从其计，上乃大说^⑨。

　　　上罢布军归，民道遮行，上书言相国强贱买民田宅

数千人^⑩。上至，何谒^⑪。上笑曰："今相国乃利民^⑫！"民

---

　　①暴露：日晒露淋，指在外征战。守于内：在朝中留守。矢石之难：指受伤战死的危险。矢，箭。益君封：加封采邑。置卫：配置护卫。淮阴：指淮阴侯韩信。新：刚刚。中：内部。②让：辞谢。佐：资助。③何为：在干什么。④拊循：抚慰，勉励。所有：全部物资。⑤灭族不久：离灭族之祸不远了。⑥附：亲附。孳孳：同"孜孜"，勤勉的样子。民和：人民的欢心。⑦倾动：指萧何得到关中百姓拥戴。⑧胡：为什么。贱贳贷：低息赊购、借贷。自污：自己败坏名声。⑨说：通"悦"，高兴。⑩罢布军：结束征讨黥布的军事行动。遮行：拦路。强：强行。⑪谒：拜见。⑫利民：从老百姓头上去取利。

所上书皆以与何，曰："君自谢①民。"后何为民请曰："长安
地狭，上林中多空地，弃，愿令民得入田，毋收稾为兽
食②。"上大怒曰："相国多受贾人财物，为请吾苑③！"乃下
何廷尉，械系之④。数日，王卫尉侍，前问曰："相国胡大
罪，陛下系之暴⑤也？"上曰："吾闻李斯相秦皇帝，有善归
主，有恶自予⑥。今相国多受贾竖金，为请吾苑，以自媚于
民⑦。故系治之。"王卫尉曰："夫职事苟有便于民而请之，
真宰相事也⑧。陛下奈何乃疑相国受贾人钱乎！且陛下
距楚数岁，陈豨、黥布反时，陛下自将往，当是时相国守
关中，关中摇足则关西非陛下有也⑨。相国不以此时为
利，乃利贾人之金乎⑩？且秦以不闻其过亡天下，夫李斯
之分过，又何足法哉⑪！陛下何疑宰相之浅⑫也！"上不

---

①谢：谢罪。 ②上林：上林苑。弃：荒芜。田：种田。稾：禾秆。为兽食：作为野兽的饲料。 ③贾人：商人。为请：替他们求取。 ④廷尉：负责刑狱的官员。械系：带上刑具拘禁起来。械，刑具。 ⑤暴：粗暴。 ⑥秦皇帝：指秦始皇。自予：给自己。 ⑦竖：对人的蔑称。媚：讨好。 ⑧苟：假使。事：职责。 ⑨自将往：亲自率军前去征讨。摇足：变动。关西非陛下有也：关西就不再是皇上您的了。 ⑩为利：谋利。（第二个）利：贪图。 ⑪分过：分担过错。法：效法。 ⑫浅：浅陋。

怿①。是日，使使持节②赦出何。何年老，素恭谨，徒跣入

谢③。上曰："相国休④矣！相国为民请吾苑不许，我不过

为桀纣⑤主，而相国为贤相。吾故系⑥相国，欲令百姓闻

吾过。"

高祖崩，何事惠帝。何病，上亲自临视⑦何疾，因问

曰："君即百岁后，谁可代君⑧？"对曰："知臣莫如主。"帝曰：

"曹参何如？"何顿首曰："帝得之⑨矣。何死不恨⑩矣！"

何买田宅必居穷辟处，为家不治垣屋⑪。曰："令后世

贤，师吾俭⑫；不贤，毋为势家⑬所夺。"

孝惠二年，何薨，谥曰文终侯⑭。……

---

①怿：喜悦。 ②持节：带上代表皇上的符节。 ③徒跣：光着脚，表示认罪。 ④休：算了吧。 ⑤桀纣：桀纣那样的君主。 ⑥故系：故意拘禁。 ⑦临视：君主对臣下探望。 ⑧百岁：死的委婉说法。代：替代做相国。 ⑨得之：得到最佳人选。 ⑩恨：遗憾。 ⑪辟：通"僻"，偏僻。为家：建造宅邸。垣屋：围墙。 ⑫令：如果。师：学习。 ⑬势家：有权有势的豪族。 ⑭孝惠二年：公元前193年。薨：诸侯或者有爵位高官的死。谥：谥号。王公贵族或其他有地位的人死后的称号。

苏武传（节选）

武字子卿，少以父任，兄弟并为郎，稍迁至栘中厩监①。时汉连伐胡，数通使相窥观，匈奴留汉使郭吉、路充国等，前后十余辈②。匈奴使来，汉亦留之以相当③。天汉元年，且鞮侯④单于初立，恐汉袭之，乃曰："汉天子我丈人行也⑤。"尽归⑥汉使路充国等。武帝嘉其义，乃遣武以中郎将使持节送匈奴使留在汉者，因厚赂单于，答其善意⑦。武与副中郎将张胜及假吏常惠等募士斥候百余人俱⑧。既至匈奴，置币遗单于⑨。单于益骄，非汉所望也⑩。

---

①武：苏武。父任：汉代凡二千石以上官员，儿子可被任用为郎。兄弟：苏嘉、苏武、苏贤兄弟三个。并：一起。稍迁：逐渐提拔。栘中厩：马厩的名字。厩监：管理马厩的官。②胡：匈奴。通使：互派使者。相：互相。窥观：窥探。留：扣留。辈：批。③相当：相抵。④且鞮侯：匈奴单于的名字。⑤丈人：对长辈的尊称。行：辈。⑥归：送回。⑦嘉：赞许。义：深明大义的行为。节：使者所持的作为信物的竹仗。赂：送以财物。⑧假吏：临时设置的小吏。募：招募。斥候：侦察兵。俱：一起。⑨置：准备。遗：给。⑩骄：自高自大。望：期望。

fāng yù fā shǐ sòng wǔ děng huì gōu wáng yǔ zhǎng shuǐ yú cháng děng móu fǎn xiōng nú
方欲发使送武等，会缑王与长水虞常等谋反匈奴

zhōng   gōu wáng zhě hún yé wáng zǐ zǐ yě   yǔ hún yé wáng jù xiáng hàn hòu suí zhuó
中①。缑王者，昆邪王姊子也，与昆邪王俱降汉，后随浞

yě hóu mò hú zhōng   jí wèi lǜ suǒ jiàng xiáng zhě yīn xiāng yǔ móu jié chán yú mǔ yān
野侯没胡中②。及卫律所将降者，阴相与谋劫单于母阏

zhī guī hàn   huì wǔ děng zhì xiōng nú yú cháng zài hàn shí sù yǔ fù zhāng shèng xiāng
氏归汉③。会武等至匈奴，虞常在汉时素与副张胜相

zhī   sī hòu shèng yuē   wén hàn tiān zǐ shèn yuàn wèi lǜ cháng néng wèi hàn fú nǔ shè
知，私候胜曰④："闻汉天子甚怨卫律，常能为汉伏弩⑤射

shā zhī   wú mǔ yǔ dì zài hàn xìng méng qí shǎng cì   zhāng shèng xǔ zhī   yǐ huò
杀之。吾母与弟在汉，幸蒙其赏赐⑥。"张胜许之，以货

wù yǔ cháng   hòu yuè yú chán yú chū liè dú yān zhī zǐ dì zài   yú cháng děng qī
物与常。后月余，单于出猎，独阏氏子弟在⑦。虞常等七

shí yú rén yù fā   qí yī rén yè wáng gào zhī   chán yú zǐ dì fā bīng yǔ zhàn
十余人欲发，其一人夜亡，告之⑧。单于子弟发兵与战。

gōu wáng děng jiē sǐ   yú cháng shēng dé
缑王等皆死，虞常生得⑨。

chán yú shǐ wèi lǜ zhì   qí shì   zhāng shèng wén zhī kǒng qián yǔ fā   yǐ zhuàng
单于使卫律治⑩其事。张胜闻之，恐前语发，以状

yù wǔ   wǔ yuē   shì rú cǐ cǐ bì jí wǒ   jiàn fàn nǎi sǐ chóng fù
语武⑪。武曰："事如此，此必及⑫我。见犯乃死，重负

guó   yù zì shā shèng huì gòng zhǐ zhī   yú cháng guǒ yǐn zhāng shèng chán yú
国⑬。"欲自杀，胜、惠共止之。虞常果引张胜⑭。单于

①发：派遣。会：正好遇上。缑王：匈奴王侯。长水：长水校尉的省称。中：内部。②姊子：姐姐的儿子。浞野侯：赵破奴，曾出兵打匈奴，被围兵败。没：陷落。③卫律所将降者：卫律所率领一起投降匈奴的人。将，率领。阴：暗中。阏氏：匈奴王后。④会：恰好碰上。素：向来。候：拜访。⑤伏弩：暗箭。⑥幸：希望。蒙：承受。⑦子弟：王室子弟。⑧发：发难。亡：逃跑。告：告密。⑨生得：活着被捉。⑩治：审理。⑪发：泄露。状：情况。⑫及：牵涉。⑬见犯：受侮辱。重：更加。负：对不起。⑭果：果然。引：牵扯上。

怒，召诸贵人^①议，欲杀汉使者。左伊秩訾^②曰："即谋单于，何以复加^③？宜皆降之。"单于使卫律召武受辞^④，武谓惠等："屈节辱命，虽生，何面目以归汉！"引佩刀自刺。卫律惊，自抱持武，驰召医^⑤。凿地为坎，置煴火，覆武其上，蹈其背以出血^⑥。武气绝，半日复息^⑦。惠等哭，舆^⑧归营。

单于壮其节，朝夕遣人候问武，而收系张胜^⑨。

武益愈，单于使使晓武^⑩。会论虞常，欲因此时降武^⑪。剑斩虞常已，律曰："汉使张胜谋杀单于近臣，当死，单于募降^⑫者赦罪。"举剑欲击之，胜请降。律谓武曰："副有罪，当相坐^⑬。"武曰："本无谋，又非亲属，何谓相坐？"复举剑拟之^⑭，武不动。律曰："苏君，律前负汉归匈奴，幸蒙大恩，赐号称王，拥众数万，马畜弥山，富贵

---

①贵人:贵族。 ②左伊秩訾:匈奴王。 ③即谋单于，何以复加:如果谋杀卫律就处死，假使谋害单于，还有什么比死更重的处罚可用。 ④受辞:受审讯。 ⑤医:古"医"字。 ⑥坎:坑。煴火:没有火焰的微火。蹈:轻叩。血:伤口淤血。 ⑦息:呼吸。 ⑧舆:抬。 ⑨壮:赞赏。节:气节。收系:逮捕关押。 ⑩愈:病好。使使:派遣使者。晓:通知。 ⑪会论:共同审判。因:趁着。降武:招降苏武。 ⑫募降:招降。 ⑬副:副使。相坐:连坐。 ⑭举剑拟之:举起剑做出要斩杀的样子。拟，比划。

如此①。苏君今日降，明日复然②。空以身膏③草野，谁复知之！"武不应。律曰："君因我降④，与君为兄弟，今不听吾计，后虽欲复见我，尚可得乎？"武骂律曰："女为人臣子，不顾恩义，畔主背亲，为降虏于蛮夷，何以女为见⑤？且单于信女，使决人死生，不平心持正，反欲斗两主，观祸败⑥。南越杀汉使者，屠为九郡⑦；宛王杀汉使者，头县北阙⑧；朝鲜杀汉使者，即时诛灭⑨。独匈奴未耳⑩。若知我不降明⑪，欲令两国相攻，匈奴之祸从我始矣。"

律知武终不可胁，白单于⑫。单于愈益欲降之，乃幽武置大窖中，绝不饮食⑬。天雨雪，武卧啮雪与旃毛并咽之，数日不死⑭。匈奴以为神，乃徙武北海上无人处，使牧

①负：背叛。弥：满。 ②复然：也会这样。 ③膏：当肥料，指白白身死荒野。 ④因我降：通过我的劝说而投降。 ⑤女：你。畔：通"叛"，背叛。何以女为见：见你干什么。 ⑥决：裁决。平心持正：公平裁决。斗两主：挑起两国国君互斗。 ⑦南越杀汉使者，屠为九郡：汉武帝派兵斩杀谋害汉使者的吕嘉，并把南越改置为九郡。 ⑧宛王杀汉使者，头县北阙：大宛王杀汉使，汉武帝派李广利讨伐，带大宛王首级回京。县，通"悬"。 ⑨朝鲜杀汉使者，即时诛灭：朝鲜王右渠杀汉使，汉武帝派兵讨伐，右渠被部下所杀。 ⑩未耳：没有过。 ⑪明：清楚。 ⑫胁：威胁。白：禀报。 ⑬愈益：更加。幽：囚禁。饮食：供给吃喝。 ⑭雨雪：下雪。啮：咬。旃：毛织物。

dī   dī rǔ nǎi dé guī   bié qí guān shǔ cháng huì děng   gè zhì tā suǒ

羝，羝乳乃得归①。别其官属常惠等，各置他所②。

　　wǔ jì zhì hǎi shàng   lǐn shí bù zhì   jué yě shǔ qù cǎo shí ér shí zhī   zhàng

武既至海上，廪食不至，掘野鼠去中实而食之③。杖

hàn jié mù yáng   wò qǐ cāo chí   jié máo jìn luò   jī wǔ liù nián chán yú dì wū jiān

汉节牧羊，卧起操持，节旄尽落④。积五六年，单于弟於靬

wáng   yì shè hǎi shàng   wǔ néng wǎng fǎng zhuó   qíng gōng nǔ   wū jiān wáng ài zhī   jǐ

王⑤弋射海上。武能网纺缴，檠弓弩，於靬王爱之，给

qí yī shí   sān suì yú   wáng bìng   cì wǔ mǎ chù fú nì qióng lú   wáng sǐ hòu

其衣食⑥。三岁余，王病，赐武马畜服匿穹庐⑦。王死后，

rén zhòng   xǐ qù   qí dōng dīng líng dào wǔ niú yáng   wǔ fù qióng è

人众⑧徙去。其冬，丁令⑨盗武牛羊，武复穷厄。

　　chū   wǔ yǔ lǐ líng jù wéi shì zhōng   wǔ shǐ xiōng nú míng nián   líng xiáng   bù gǎn

初，武与李陵俱为侍中，武使匈奴明年，陵降，不敢

qiú wǔ   jiǔ zhī   chán yú shǐ líng zhì hǎi shàng   wèi wǔ zhì jiǔ shè yuè   yīn wèi wǔ

求武⑩。久之，单于使陵至海上，为武置酒设乐⑪，因谓武

yuē   chán yú wén líng yǔ zǐ qīng sù hòu   gù shǐ líng lái shuì zú xià   xū xīn yù xiāng

曰："单于闻陵与子卿素厚，故使陵来说足下，虚心欲相

dài   zhōng bù dé guī hàn   kōng zì kǔ wú rén zhī dì   xìn yì ān suǒ xiàn hū   qián

待⑫。终不得归汉，空自苦亡人之地，信义安所见乎⑬？前

zhǎng jūn wéi fèng chē   cóng zhì yōng yù yáng gōng   fú niǎn xià chú   chù zhù zhé yuán   hé

长君为奉车，从至雍棫阳宫，扶辇下除，触柱折辕，劾

①羝乳乃得归：等公羊产仔才能放苏武回去，意思是绝无放还的可能。羝，公羊。乳，生育产子。 ②别：分开。他所：其他地方。 ③海上：北海边上。廪食：官府供给的粮食。去中实：储藏的草籽之类。去，通"弆"，储藏。中，古"草"字。 ④杖：拄着。卧起：早晚。旄：节杖上装饰的牦牛尾毛。 ⑤於靬王：匈奴亲王。 ⑥网：结网。纺缴：在箭尾拴上丝绳。檠：用绳子校正弓弩。 ⑦服匿：匈奴人自制的陶器。穹庐：类似蒙古包的圆顶帐篷。 ⑧人众：部下。 ⑨丁令：匈奴的一支。 ⑩俱为侍中：一起在朝中做过侍中。明年：第二年。求：求见。 ⑪置酒：摆酒菜。设乐：陈设歌舞。⑫子卿：苏武的字。厚：交情深厚。虚心：诚心。⑬空：白白地。自苦：自讨苦吃。亡人：无人。安：哪里。见：通"现"。

31

大不敬,伏剑自刿,赐钱二百万以葬①。孺卿从祠河东后

土,宦骑与黄门驸马争船,推堕驸马河中溺死,宦骑

亡,诏使孺卿逐捕不得,惶恐饮药而死②。来时,大夫人

已不幸,陵送葬至阳陵③。子卿妇年少,闻已更嫁④矣。独

有女弟⑤二人,两女一男,今复十余年,存亡不可知。人

生如朝露,何久自苦如此!陵始降时,忽忽如狂,自痛负

汉,加以老母系保宫,子卿不欲降,何以过陵⑥?且陛下春

秋高,法令亡常,大臣亡罪夷灭者数十家,安危不可知,子

卿尚复谁为乎⑦?愿听陵计,勿复有云⑧。"武曰:"武父子

亡功德,皆为陛下所成就,位列将,爵通侯,兄弟亲近⑨,

常愿肝脑涂地。今得杀身自效,虽蒙斧钺汤镬,诚甘乐

①长君:苏武兄苏嘉。奉车:奉车都尉的简称。从至:跟随皇上到。雍:县名。械阳宫:在雍东。除:台阶。辕:车辕。劾:弹劾。伏剑自刿:拔剑自杀。 ②孺卿:苏武弟苏贤。祠:祭祠。后土:土神。宦骑:宦官骑兵。黄门:皇帝的侍从。驸马:官名,掌管皇帝随从车马。亡:逃亡。 ③大夫人:苏武母亲。不幸:指去世。 ④更嫁:改嫁。 ⑤女弟:妹妹。 ⑥忽忽:恍惚。负:辜负。加:加上。系:拘押。保宫:囚禁犯罪的大臣及家属的监狱。子卿不欲降,何以过陵:您不想投降的心情,哪里能超过我。 ⑦春秋:年龄。亡常:反复无常。亡,通"无"。尚复谁为:还在为谁坚守节操。 ⑧愿:希望。勿复有云:不要再说拒绝的话。 ⑨亲近:成为皇帝的亲近。

之^①。臣事君，犹子事父也，子为父死亡^②所恨。愿勿复再

言。"陵与武饮数日，复曰："子卿壹^③听陵言。"武曰："自分^④

已死久矣！王必欲降武，请毕今日之欢，效死于前^⑤！"陵

见其至诚，喟然叹曰："嗟乎，义士！陵与卫律之罪上通于

天。"因泣下沾衿，与武决去。

陵恶^⑥自赐武，使其妻赐武牛羊数十头。后陵复至北

海上，语武："区脱捕得云中生口，言太守以下吏民皆白

服，曰上崩^⑦。"武闻之，南乡号哭，欧血，旦夕临^⑧。

数月，昭帝即位。数年，匈奴与汉和亲。汉求武等，

匈奴诡言^⑨武死。后汉使复至匈奴，常惠请其守者与俱，

得夜见汉使，具自陈道^⑩。教使者谓单于，言天子射上林

中，得雁，足有系帛书，言武等在某泽中^⑪。使者大喜，如

①效：报效。斧钺汤镬：意思是被大斧砍头，沸水锅煮。钺，大斧。镬，原为鼎，这里指锅。甘乐之：甘心情愿。
②亡：通"无"。 ③壹：一定。 ④分：料定。 ⑤王：指单于。毕：结束。 ⑥恶：不好意思。 ⑦区脱：匈奴语，边境。云
中：郡名，今内蒙古南部。生口：活口，俘虏。白服：孝服。上崩：皇上死。 ⑧乡：向。欧：通"呕"。临：哭吊。 ⑨诡言：谎
言。 ⑩守者：看守。具：详细。陈：陈述。 ⑪上林：苑名，在今西安西南。帛书：写在帛上的信。

汉书诵读本

huì yǔ yǐ ràng chán yú　　chán yú shì zuǒ yòu ér jīng　xiè hàn shǐ yuē　　wǔ děng shí
惠语以让单于①。单于视左右而惊，谢汉使曰②："武等实

zài　　　yú shì lǐ líng zhì jiǔ hè wǔ yuē　jīn zú xià huán guī　yáng míng yú xiōng nú
在③。"于是李陵置酒贺武曰："今足下还归，扬名于匈奴，

gōng xiǎn yú hàn shì　suī gǔ zhú bó suǒ zǎi　dān qīng suǒ huà　hé yǐ guò zǐ qīng　líng
功显于汉室，虽古竹帛所载，丹青所画，何以过子卿④！陵

suī nú qiè　lìng hàn qiě shì líng zuì　quán qí lǎo mǔ　shǐ dé fèn dà rǔ zhī jī zhì　shù
虽驽怯，令汉且赏陵罪，全其老母，使得奋大辱之积志，庶

jī hū cáo kē zhī méng　cǐ líng sù xī zhī suǒ bù wàng yě　shōu zú líng jiā　wéi shì
几乎曹柯之盟，此陵宿昔之所不忘也⑤。收族陵家，为世

dà lù　líng shàng fù hé gù hū　　yǐ yǐ　lìng zǐ qīng zhī wú xīn ěr　yì yù zhī
大戮，陵尚复何顾乎⑥？已矣！令子卿知吾心耳。异域之

rén　yī　bié cháng jué　líng qǐ wǔ　gē yuē　jìng wàn lǐ xī dù shā mù　wèi jūn jiàng
人，壹⑦别长绝！陵起舞，歌曰："径万里兮度沙幕，为君将

xī fèn xiōng nú　　lù qióng jué xī shǐ rèn cuī　shì zhòng miè xī míng yǐ tuí　lǎo mǔ
兮奋匈奴⑧。路穷绝兮矢刃摧，士众灭兮名已聩⑨。老母

yǐ sǐ　suī yù bào ēn jiāng ān guī　líng qì xià shù háng　yīn yǔ wǔ jué　chán yú
已死，虽欲报恩将安归⑩！"陵泣下数行，因与武决。单于

zhào huì wǔ guān shǔ　qián yǐ xiáng jí wù gù　fán suí wǔ huán zhě jiǔ rén
召会武官属，前以降及物故，凡随武还者九人⑪。

wǔ yǐ shǐ yuán liù nián　chūn zhì jīng shī　zhào wǔ fèng yī tài láo yè wǔ dì yuán
武以始元六年⑫春至京师。诏武奉一太牢谒武帝园

①如：按照。让：责备。　②视左右：环顾左右的人。谢：道歉。　③实在：确实还活着。　④古竹帛：史书。丹青：绘画。　⑤驽：无能。令：假使。贳：宽恕。全：保全。奋：振作。曹柯之盟：春秋时，齐桓公与鲁庄公在柯地会盟，曹沫执匕首迫使齐桓公答应退还侵占鲁之地。这里李陵以曹沫自比，说明有立功赎罪的打算。宿昔：往日。　⑥收：抓捕。族：灭族。戮：耻辱。　⑦壹：一旦。　⑧径：经过。沙幕：沙漠。幕，通"漠"，沙漠。将：领兵。奋：奋战。　⑨摧：损毁。聩：败坏。　⑩安归：回到哪里。　⑪召会：召集。官属：随从官员。物故：死去。　⑫始元六年：公元前81年。

miào bài wéi diǎn shǔ guó   zhì zhōng èr qiān shí   cì qián èr bǎi wàn   gōng tián èr qǐng zhái
庙，拜为典属国，秩中二千石，赐钱二百万，公田二顷，宅

yī qū   cháng huì   xú shèng   zhào zhōng gēn jiē bài wéi zhōng láng   cì bó gè èr bǎi pǐ
一区①。常惠、徐圣、赵终根皆拜为中郎，赐帛各二百匹。

qí yú liù rén lǎo guī jiā   cì qián rén shí wàn   fù zhōng shēn   cháng huì hòu zhì yòu jiāng
其余六人老归家，赐钱人十万，复终身②。常惠后至右将

jūn   fēng liè hóu   zì yǒu zhuàn   wǔ liú xiōng nú fán shí jiǔ suì   shǐ yǐ qiáng zhuàng
军，封列侯，自有传③。武留匈奴凡十九岁，始以强壮

chū   jí huán   xū fà jìn bái
出，及还，须发尽白。

wǔ lái guī míng nián   shàng guān jié zǐ ān yǔ sāng hóng yáng jí yān wáng   gě zhǔ móu
武来归明年，上官桀子安与桑弘羊及燕王、盖主谋

fǎn   wǔ zǐ nán yuán yǔ ān yǒu móu   zuò sǐ
反④。武子男元与安有谋，坐死⑤。

chū jié   ān yǔ dà jiāng jūn huò guāng zhēng quán   shuò shū guāng guò shī yǔ yàn wáng
初桀、安与大将军霍光争权，数疏光过失予燕王，

lìng shàng shū gào zhī   yòu yán sū wǔ shǐ xiōng nú èr shí nián bù xiáng   huán nǎi wéi diǎn
令上书告之⑥。又言苏武使匈奴二十年不降，还乃为典

shǔ guó   dà jiāng jūn zhǎng shǐ wú gōng láo   wéi sōu sù dū wèi   guāng zhuān quán zì zì
属国，大将军长史无功劳，为搜粟都尉，光颛权自恣⑦。

jí yān wáng děng fǎn zhū   qióng zhì dǎng yǔ   wǔ sù yǔ jié   hóng yáng yǒu jiù   shuò wéi yān
及燕王等反诛，穷治党与，武素与桀、弘羊有旧，数为燕

wáng suǒ sòng   zǐ yòu zài móu zhōng   tíng wèi zòu qǐng dài bǔ wǔ   huò guāng qǐn qí zòu
王所讼，子又在谋中，廷尉奏请逮捕武⑧。霍光寝其奏⑨，

---

①太牢：以一猪、一牛、一羊三牲为祭品的祭祀。谒：祭拜。园庙：皇陵所在的宗庙。典属国：负责归附的少数民族
的官。秩：俸禄。中二千石：俸禄的级别的一种。一区：一所。 ②人：每人。复：免除徭役。 ③自有传：《汉书》中有《常
惠传》。 ④子安：上官桀儿子上官安。盖主：汉武帝长女。 ⑤子男：儿子。元：苏武子苏元。坐死：被牵连治处死。
⑥疏：分别记下。予：给。 ⑦二十年：苏武在匈奴十九年，这里是概数。颛权：专权。颛，通"专"，专擅。 ⑧穷治：追
究彻查。党与：同党。讼：向皇上申诉，意思是说与大将军长史相比，苏武功劳高而官位低。 ⑨寝：搁置，按下。

miǎn wǔ guān

免武官。

shù nián zhāo dì bēng wǔ yǐ gù èr qiān shí yǔ jì móu lì xuān dì cì jué guān

数年，昭帝崩，武以故二千石与计谋立宣帝，赐爵关

nèi hóu shí yì sān bǎi hù jiǔ zhī wèi jiāng jūn zhāng ān shì jiàn wǔ míng xí gù shì

内侯，食邑三百户①。久之，卫将军张安世荐武明习故事，

fèng shǐ bù rǔ mìng xiān dì yǐ wéi yí yán xuān dì jí shí zhào wǔ dài zhào huàn zhě

奉使不辱命，先帝以为遗言②。宣帝即时召武待诏宦者

shǔ shuò jìn jiàn fù wéi yòu cáo diǎn shǔ guó yǐ wǔ zhù jié lǎo chén mìng cháo shuò

署，数进见，复为右曹典属国③。以武著节老臣，命朝朔

wàng hào chēng jì jiǔ shèn yōu chǒng zhī

望，号称祭酒，甚优宠之④。

wǔ suǒ dé shǎng cì jìn yǐ shī yǔ kūn dì gù rén jiā bù yú cái huáng hòu

武所得赏赐，尽以施予昆弟⑤故人，家不余财。皇后

fù píng ēn hóu dì jiù píng chāng hóu yuè chāng hóu chē jì jiāng jūn hán zēng chéng xiàng

父平恩侯、帝舅平昌侯、乐昌侯、车骑将军韩增、丞相

wèi xiàng yù shǐ dà fū bǐng jí jiē jìng zhòng wǔ wǔ nián lǎo zǐ qián zuò shì sǐ shàng

魏相、御史大夫丙吉皆敬重武。武年老，子前坐事死，上

mǐn zhī wèn zuǒ yòu wǔ zài xiōng nú jiǔ qǐ yǒu zǐ hū wǔ yīn píng ēn hóu zì

闵之⑥，问左右："武在匈奴久，岂有子乎？"武因⑦平恩侯自

bái qián fā xiōng nú shí hú fù shì chǎn yī zǐ tōng guó yǒu shēng wèn lái yuàn yīn shǐ

白："前发匈奴时，胡妇适产一子通国，有声问来，愿因使

zhě zhì jīn bó shú zhī shàng xǔ yān hòu tōng guó suí shǐ zhě zhì shàng yǐ wéi láng

者致金帛赎之⑧。"上许焉。后通国随使者至，上以为郎。

---

①故二千石：前任"二千石"的身份。与：参与。计谋：策划。食邑：封地。②明习：熟悉。故事：典章制度。先帝：汉昭帝。③即时：立即。宦者署：宦者令的官署。④著节：节操卓著。朝：上朝。朔望：每月初一、十五。祭酒：古代飨宴、祭祀时酹酒祭神的年长有德望者。⑤昆弟：兄弟。⑥前坐事：指以前苏元因谋反牵连。上：皇上。闵：怜悯。⑦因：通过。⑧发匈奴：从匈奴启程回国。适：刚刚。通国：苏武儿子名。声问：音讯。

^{yòu yǐ wǔ dì zǐ} ^{wéi yòu cáo} ^{wǔ nián bā shí yú} ^{shén jué èr nián} ^{bìng zú}
又以武弟子^①为右曹。武年八十余,神爵二年^②病卒。

……

汉书诵读本

---

①弟子:苏武弟弟的儿子。　②神爵二年:公元前60年。

霍去病传（节选）

霍去病，大将军青姊少儿子也①。其父霍仲孺先与少儿通，生去病②。及卫皇后尊，少儿更为③詹事陈掌妻。

去病以皇后姊子，年十八为侍中。善骑射，再从大将军④。大将军受诏，予壮士，为票姚校尉，与轻勇骑八百直弃大军数百里赴利，斩捕首虏过当⑤。于是上曰："票姚校尉去病斩首捕虏二千二十八级，得相国、当户，斩单于大父行藉若侯产，捕季父罗姑比，再冠军，以二千五百户封去病为冠军侯⑥。上谷太守郝贤四从大将军，捕首虏千三百级，封贤为终利侯。骑士孟已有功，赐爵关内侯，

---

①青：卫青。姊：姐姐。少儿：卫少儿。 ②霍仲孺：河东平阳人。通：私通。 ③更为：又嫁给。 ④再：两次。从：跟随。 ⑤受诏：接受皇帝的诏令。予：拨给。票姚：迅捷勇猛。轻勇骑：轻装的勇猛骑兵。弃：远离。赴利：去夺取战功。斩捕首虏过当：所杀死及俘虏的人数超过汉军人数。首，首级。虏，匈奴俘虏。 ⑥级：人头，指人数。得：活捉。当户：匈奴官名。大父：祖父，这里指祖父辈。藉若：匈奴侯名。产：人名。季父：匈奴单于的小叔叔。再：两次。冠军：勇冠全军。

yì èr bǎi hù
邑二百户。"

shì suì shī liǎng jiāng jūn　wáng xī hóu　gōng bù duō　gù qīng bù yì fēng　　sū
是岁失两将军，亡翕侯，功不多，故青不益封①。苏

jiàn zhì　shàng fú zhū　shú wéi shù rén　　qīng cì qiān jīn　　shì shí wáng fū rén fāng xìng
建至，上弗诛，赎为庶人②。青赐千金。是时王夫人方幸

yú shàng　nìng chéng shuì qīng yuē　　jiāng jūn suǒ yǐ gōng wèi shèn duō　shēn shí wàn hù　sān
于上，甯乘说青曰③："将军所以功未甚多，身食万户，三

zǐ jiē wéi hóu zhě　yǐ huáng hòu gù yě　　jīn wáng fū rén xìng ér zōng zú wèi fù guì
子皆为侯者，以皇后故也④。今王夫人幸而宗族未富贵，

yuàn jiāng jūn fèng suǒ　cì qiān jīn wèi wáng fū rén qīn shòu　　qīng yǐ wǔ bǎi jīn wèi wáng fū
愿将军奉所赐千金为王夫人亲寿⑤。"青以五百金为王夫

rén qīn shòu　　shàng wén　wèn qīng　qīng yǐ shí duì　　shàng nǎi bài nìng chéng wéi dōng
人亲寿。上闻，问青，青以实对。上乃拜甯乘为东

hǎi　dū wèi
海⑥都尉。

jiào wèi zhāng qiān cóng dà jiāng jūn　yǐ cháng shǐ dà xià　liú xiōng nú zhōng jiǔ　dǎo
校尉张骞从大将军，以尝使大夏，留匈奴中久，道

jūn　zhī shàn shuǐ cǎo chù　jūn dé yǐ wú jī kě　yīn qián shǐ jué guó gōng　fēng qiān wéi bó
军，知善水草处，军得以无饥渴，因前使绝国功，封骞为博

wàng hóu
望侯⑦。

qù bìng hóu sān suì　yuán shòu èr nián chūn wéi piào jì jiāng jūn　jiàng wàn jì chū lǒng
去病侯三岁，元狩二年春为票骑将军，将万骑出陇

①失两将军：指苏建、赵信率领的两支军队几乎全军覆没。亡翕侯：翕侯赵信兵败投降匈奴。 ②至：回来。赎为
庶人：花钱赎罪，贬为庶人。 ③方：正当。幸于上：被皇上所宠幸。甯乘：齐人。说：劝说别人，使听从自己的意见。
④功未甚多：战功不是很大。食万户：采邑万户，做万户侯。 ⑤幸：受宠幸。愿：希望。奉：献上。亲：王夫人母亲。
⑥东海：郡名，在今山东郯城北。 ⑦尝：曾经。大夏：国名，在今阿富汗境内。留：被扣留。道：引导，引路。绝国：遥
远的国家。

西，有功①。上曰："票骑将军率戎士隃乌鹾，讨邀濮，涉狐奴，历五王国，辎重人众摄詟者弗取，几获单于子②。转战六日，过焉支山千有余里，合短兵，鏖皋兰下，杀折兰王，斩卢侯王，锐悍者诛，全甲获丑，执浑邪王子及相国、都尉，捷首虏八千九百六十级，收休屠祭天金人，师率减什七，益封去病二千二百户③。"

其夏，去病与合骑侯敖俱出北地，异道④。博望侯张骞、郎中令李广俱出右北平，异道。广将四千骑先至，骞将万骑后。匈奴左贤王将数万骑围广，广与战二日，死者过半，所杀亦过当。骞至，匈奴引兵去。骞坐行留⑤，当斩，赎为庶人。而去病出北地，遂深入，合骑侯失

①侯三岁：被封为冠军侯的第三年。元狩二年：公元前121年。票骑：骠骑。将：率领。②戎士：战士。隃：通"逾"，越过。乌鹾：山名。鹾，通"戾"。讨：讨伐。邀濮：匈奴部落名。狐奴：水名。辎重人众：辎重人马众多。摄詟者：降服者。摄詟，恐惧。几：几乎。③焉支山：又名删丹山，在今甘肃山丹县境内。合：短兵相接。鏖：苦战。皋兰：山名，在今甘肃临夏东南。一说就是今甘肃兰州境内的皋兰山。折兰王：匈奴王名。卢侯王：匈奴王名。锐悍者：强悍对抗者。全甲：全副武装的匈奴兵。丑：俘虏。执：抓住。浑邪王：一作昆邪王，匈奴王号。捷：斩。休屠：匈奴休屠王。祭天金人：匈奴祭天的金偶像。率：大概。减什七：损失十分之七。益：增加。④合骑侯：合骑侯公孙敖。北地：郡名，在今甘肃庆阳西北。异道：不同的道路，意思是分两路出兵。⑤坐行留：犯了行军时滞留不前的军法。

道，不相得①。去病至祁连山②，捕首虏甚多。上曰："票骑将军涉钧耆，济居延，遂臻小月氏，攻祁连山，扬武乎鲜得，得单于单桓、酋涂王，及相国、都尉以众降下者二千五百人，可谓能舍服知成而止矣③。捷首虏三万二百，获五王，王母、单于阏氏、王子五十九人，相国、将军、当户、都尉六十三人，师大率减什三，益封去病五千四百户④。赐校尉从至小月氏者爵左庶长⑤。鹰击司马破奴再从票骑将军斩遫濮王，捕稽且王右千骑将得王、王母各一人，王子以下四十一人，捕虏三千三百三十人，前行捕虏千四百人，封破奴为从票侯⑥。校尉高不识从票骑将军捕呼于耆王⑦王子以下十一人，捕虏千七百六十八人，

---

①失道：走错了路。不相得：没能与霍去病部会合。②祁连山：在今甘肃张掖西南，甘肃与青海边界一带。③涉：步行过水，这里指渡过。钧耆：水名。济：乘船渡过。居延：居延泽，在今内蒙古额济纳旗东。臻：到达。小月氏：月氏的一支，这里指小月氏生活的地区。扬武：宣扬武功。鲜得：县名，在今甘肃张掖西北。单桓、酋涂：匈奴王号。舍服：宽大对待降服的。知成而止：成功后适可而止。④捷：战胜所获。大率：大致。什三：十分之三。⑤左庶长：爵名。⑥鹰击司马：官名。破奴：赵破奴。再：两次。遫濮王：匈奴王号。稽且王：匈奴王号。右千骑将：匈奴将号。前行：前锋。从票侯：跟从票骑将军霍去病立战功而得名。⑦呼于耆王：匈奴王名。

封不识为宜冠侯。校尉仆多①有功，封为辉渠侯。"合骑侯

敖坐行留不与票骑将军会，当斩，赎为庶人。诸宿将所

将士马兵亦不如去病，去病所将常选，然亦敢深入，常

与壮骑先其大军，军亦有天幸，未尝困绝也②。然而诸宿

将常留落不耦③。由此去病日以亲贵，比④大将军。

其后，单于怒浑邪王居西方数为汉所破，亡数万人，

以票骑之兵也，欲召诛浑邪王⑤。浑邪王与休屠王等谋

欲降汉，使人先要道边⑥。是时大行李息将城河上，得

浑邪王使，即驰传以闻⑦。上恐其以诈降而袭边⑧，乃令

去病将兵往迎之。去病既度⑨河，与浑邪众相望。浑

邪禅王将见汉军而多欲不降者，颇遁去⑩。去病乃驰入，

得与浑邪王相见，斩其欲亡者八千人，遂独遣浑邪王

---

①仆多：人名。 ②宿将：老将。士：士兵。马：战马。兵：兵器。选：挑选精兵强将。深入：深入匈奴所在地。先其大军：冲在大部队前面。天幸：老天保佑。 ③留落：落在后面。不耦：碰不上有利的战机。 ④比：并列。 ⑤以票骑之兵也：都是因为遭遇票骑将军的人马。召诛：召来杀掉。 ⑥先要导边：先商谈要汉军导引进入汉地的事宜。要，要约。道，通"导"。 ⑦大行：负责少数民族事务的官。将城河上：带领军队在黄河边筑城。得：抓到。传：驿车。以闻：上报天子。 ⑧袭边：突袭边境。 ⑨度：通"渡"。 ⑩禅王将：禅王、禅将。颇：多。遁：逃。

汉书诵读本

乘传先诣行在所，尽将其众度河，降者数万人，号称十万①。既至长安，天子所以赏赐数十巨万②。封浑邪王万户，为漯阴③侯。封其禅王呼毒尼为下摩侯，雁疵为辉渠侯，禽黎为河慕侯，大当户调虽为常乐侯④。于是上嘉⑤去病之功，曰："票骑将军去病率师征匈奴，西域王浑邪王及厥众萌咸奔于率，以军粮接食，并将控弦万有余人，诛狡悍，捷首虏八千余级，降异国之王三十二⑥。战士不离伤，十万之众毕怀集服⑦。仍兴之劳，爰及河塞，庶凡亡患⑧。以千七百户益封票骑将军。减陇西、北地、上郡戍卒之半，以宽天下繇⑨役。"乃分处降者于边五郡故塞外，而皆在河南，因其故俗为属国⑩。其明年⑪，匈奴入右

①亡：逃跑。遗：留下。乘传：乘坐驿车。诣：到。行在所：天子所在的地方。将其众：带领浑邪王的部下。②巨万：为数极多。③漯阴：县名，在今山东禹城东。④呼毒尼：人名。以下雁疵、禽黎、调虽等都为人名。大当户：匈奴官名。⑤嘉：嘉奖。⑥厥：其。萌：通"氓"，百姓。咸：皆。奔：投奔。率：都。接食：接济。控弦：引弓的士兵。狡悍：骠悍勇敢的人，指妄图逃亡的匈奴。⑦离：通"罹"，遭受。怀集：归来。⑧仍：接连不断的。兴：指军事行动。爰：于是。庶几：差不多。亡患：不再有祸患。⑨繇：通"徭"。⑩五郡：指陇西、北地、上郡、朔方、云中等五郡。河南：黄河以南。因其故俗：延续他们原来的生活习惯和传统。为属国：做汉朝的属国。⑪明年：第二年。

北平、定襄，杀略汉千余人。

其明年，上与诸将议曰："翕侯赵信为单于画计①，常以为汉兵不能度幕轻留，今大发卒，其势必得所欲①。"是岁元狩四年②也。春，上令大将军青、票骑将军去病各五万骑，步兵转者踵军数十万，而敢力战深入之士皆属去病③。去病始为出定襄，当单于④。捕虏，虏言单于东，乃更令⑤去病出代郡，令青出定襄。郎中令李广为前将军，太仆公孙贺为左将军，主爵赵食其为右将军，平阳侯襄为后将军，皆属大将军⑥。赵信为单于谋曰："汉兵即度幕，人马罢，匈奴可坐收虏耳⑦。"乃悉远北其辎重⑧，皆以精兵待幕北。而适直青军出塞千余里，见单于兵陈而待，于是青令武刚车自环为营，而纵五千骑往当匈奴，

①画计：出谋划策。度：通"渡"。幕：通"漠"，沙漠。轻留：轻易地滞留。大发卒：征发大军。必得所欲：一定会达到我们的目的。②元狩四年：公元前119年。③转：运输物资。踵：脚跟跟随，这里指前后相随。④当：抗击。⑤更令：更改命令。⑥主爵：主爵都尉。襄：曹襄，曹参之后裔。⑦罢：通"疲"，疲惫。坐收虏：轻易俘获汉军人马。⑧远北辎重：将辎重远输到北边。

匈奴亦纵万骑①。会日且入，而大风起，沙砾击面，两军不相见，汉益纵左右翼绕单于②。单于视汉兵多，而士马尚强，战而匈奴不利，薄莫，单于遂乘六𢵢，壮骑可数百，直冒汉围西北驰去③。昏，汉匈奴相纷挐，杀伤大当④。汉军左校捕虏，言单于未昏而去，汉军因发轻骑夜追之，青因随其后。匈奴兵亦散走。会明，行二百余里，不得单于，颇捕斩首虏万余级，遂至窴颜山赵信城，得匈奴积粟食军⑤。军留一日而还，悉烧其城余粟以归。

青之与单于会也，而前将军广、右将军食其军别从东道，或失道⑥。大将军引还，过幕南，乃相逢⑦。青欲使使归报，令长史簿责广，广自杀⑧。食其赎为庶人。青军入塞，凡斩首虏万九千级。

①直：通"值"，遇上。陈：通"阵"，军队行列。武刚车：有遮掩物体的战车。环：环绕。　②日且入：太阳将要落下。砾：小石子。左右翼绕：左右两翼合围。　③薄：迫近。莫：通"暮"。𢵢：无毛羽鳞甲的动物，此处指骡子。冒：突击。④昏：黄昏。相纷挐：混战在一起。大当：大略相当。　⑤会明：天亮的时候。窴颜山：古山名，约为今蒙古高原杭爱山脉南面的一支。赵信城：匈奴给赵信安置的住所。食：给人食物吃。　⑥会：会战。或：通"惑"，迷惑。失道：迷路。⑦引还：领军回来。幕：通"漠"，大漠。　⑧使使：派使者。归报：回朝廷报告。簿责：根据文书所列罪状一条条责问。

shì shí xiōng nú zhòng shī chán yú shí yú rì　yòu lù lí wáng zì　lì wéi chán yú
是时匈奴众失单于十余日，右谷蠡王自立为单于^①。

chán yú hòu dé qí zhòng　yòu wáng nǎi qù chán yú zhī hào
单于后得其众，右王乃去单于之号^②。

qù bìng qí bīng chē zhòng yǔ dà jiāng jūn jūn děng　ér wú bì jiàng　xī yǐ lǐ
去病骑兵车重与大将军军等，而亡禆将^③。悉以李

gǎn děng wéi dà jiào　dāng bì jiàng　chū dài　yòu běi píng èr qiān yú lǐ　zhí zuǒ fāng bīng
敢等为大校，当禆将，出代、右北平二千余里，直左方兵，

suǒ zhǎn bǔ gōng yǐ duō yú qīng
所斩捕功已多于青^④。

jì jiē huán　shàng yuē　piào jì jiāng jūn qù bìng shuài shī gōng jiàng suǒ huò xūn yǔn
既皆还，上曰："票骑将军去病率师躬将所获荤允

zhī shì　yuē qīng jī　jué dà mò　shè huò chán yú zhāng qú　yǐ zhū běi chē qí　zhuǎn jī
之士，约轻赍，绝大幕，涉获单于章渠，以诛北车耆，转击

zuǒ dà jiàng shuāng　huò qí gǔ　lì dù nán hóu　jì gōng lú　huò tún tóu wáng　hán wáng
左大将双，获旗鼓，历度难侯，济弓卢，获屯头王、韩王

děng sān rén　jiāng jūn　xiàng guó　dàng hù　dū wèi bā shí sān rén　fēng láng jū xū shān
等三人，将军、相国、当户、都尉八十三人，封狼居胥山，

chán yú gū yǎn　dēng lín hàn hǎi　zhí xùn huò chǒu qī wàn yòu sì bǎi sì shí sān jí　shī
禅于姑衍，登临翰海，执讯获丑七万有四百四十三级，师

shuài jiǎn shí èr　qǔ shí yú dí　zhuō xíng shū yuǎn ér liáng bù jué　yǐ wǔ qiān bā bǎi
率减什二，取食于敌，卓行殊远而粮不绝^⑤。以五千八百

---

①失：找不到。右谷蠡王：匈奴的王号。 ②得：找到。去：去掉。 ③车重：辎重车。等：相等。亡：通"无"。
④李敢：李广最小的儿子。大校：官名。当：当做。直：面对。左方：匈奴左贤王。 ⑤躬将：亲自率领。荤允：又写作
"荤粥"、"獯鬻"，古代匈奴别称。轻赍：轻装简从。绝：穿越。涉：踏入。章渠：单于的大臣。北车耆：匈奴王号。双：
人名。历度：越过。难侯：山名。弓卢：水名。屯头王、韩王：匈奴王号。封：祭拜"天"的仪式。狼居胥山：山名，在今
蒙古乌兰巴托以东、克鲁伦河之北。禅：祭拜"地"的仪式。姑衍：山名，在今蒙古乌兰巴托以东。翰海：大沙漠，今蒙
古国境内。执讯：对抓获的敌人加以讯问。丑：俘虏。什二：十分之二。卓行殊远：行军走得特别远。卓，通"逴"，遥
远。

户益封票骑将军。右北平太守路博德属票骑将军,会兴城,不失期,从至梼余山,斩首捕虏二千八百级,封博德为邳离侯①。北地都尉卫山从票骑将军获王,封山为义阳侯。故归义侯因淳王复陆支,楼剸王伊即轩皆从票骑将军有功,封复陆支为杜侯,伊即轩为众利侯②。从票侯破奴、昌武侯安稽从票骑有功,益封各三百户。渔阳太守解、校尉敢③皆获鼓旗,赐爵关内侯,解食邑三百户,敢二百户。校尉自为爵左庶长。"军吏卒为官,赏赐甚多。而青不得益封,吏卒无封者。唯西河太守常惠、云中太守遂成受赏,遂成秩诸侯相,赐食邑二百户,黄金百斤,惠爵关内侯④。

两军之出塞,塞阅官及私马凡十四万匹,而后入塞者

---

①会:会师。梼余山:山名。 ②故:原来的。因淳王复陆支:匈奴降将。楼剸王伊即轩:匈奴降将。 ③敢:李广小儿子李敢。 ④常惠:这个常惠不是跟从苏武出塞的那个人。秩诸侯相:享受诸侯国相的待遇。秩,俸禄。

bù mǎn sān wàn pǐ　　　nǎi zhì dà sī mǎ wèi　　dà jiāng jūn　piào jì jiāng jūn jiē wéi dà
不满三万匹①。乃置大司马位②，大将军、票骑将军皆为大

sī mǎ　　dìng lìng　lìng piào jì jiāng jūn zhì lù yǔ dà jiāng jūn děng　　zì shì hòu　qīng
司马。定令，令票骑将军秩禄与大将军等③。自是后，青

rì shuāi ér qù bìng rì yì guì　　qīng gù rén mén xià duō qù shì qù bìng　zhé dé guān
日衰而去病日益贵。青故人门下多去事去病④，辄得官

jué　wéi dú rén ān bù kěn qù
爵，唯独任安不肯去。

　　qù bìng wéi rén shǎo yán bù xiè　yǒu qì gǎn wǎng　　shàng cháng yù jiāo zhī wú sūn
　去病为人少言不泄，有气敢往⑤。上尝欲教之吴孙

bīng fǎ　　duì yuē　　gù fāng lüè hé rú ěr　bù zhì xué gǔ bīng fǎ　　shàng wèi zhì
兵法⑥，对曰："顾方略何如耳，不至学古兵法⑦。"上为治

dì　lìng shì zhī　duì yuē　xiōng nú bù miè　wú yǐ jiā wèi yě　yóu cǐ shàng yì
第⑧，令视之，对曰："匈奴不灭，无以家为也。"由此上益

zhòng ài zhī　　rán shào ér shì zhōng　guì bù xǐng shì　　qí cóng jūn　shàng wèi qiǎn tài
重爱之。然少而侍中，贵不省士⑨。其从军，上为遣太

guān jī shù shí shèng　jì huán　zhòng chē yú qì liáng ròu　ér shì yǒu jī zhě　　qí zài
官赍数十乘，既还，重车余弃粱肉，而士有饥者⑩。其在

sài wài　zú fá liáng　huò bù néng zì zhèn　ér qù bìng shàng chuān yù tà jū yě　　shì
塞外，卒乏粮，或不能自振，而去病尚穿域蹋鞠也⑪。事

duō cǐ lèi　qīng rén　xǐ shì tuì ràng　yǐ hé róu zì mèi yú shàng　rán yú tiān xià wèi
多此类。青仁，喜士退让，以和柔自媚于上，然于天下未

---

①阅:检验登记马匹。官及私马:官马和私人的马。入塞者:出塞返回的马匹。②大司马:官名,汉武帝时撤除太尉,设置大司马。③定令:制定这个法令。令票骑将军秩禄与大将军等:使得票骑将军的俸禄待遇与大将军卫青相等。④去事:离开去侍奉。⑤不泄:不轻易表露心情。有气:有气概。敢往:勇往直前。⑥吴:吴起。孙:孙武。⑦顾:看。方略:谋略。不至:不一定。⑧治第:修建府邸。⑨少:年轻。贵:尊贵。省士:关心士兵。⑩太官:官里负责膳食的官。赍:赠送吃穿等日常生活用品。余弃:丢掉剩下的。粱肉:指精美的食物。粱,优质米。⑪卒:士兵。或:有的士兵。自振:自己爬起来。尚:还在。穿域:划定场地。蹋鞠:踢球。

yǒu chēng yě
有 称 也①。

　　qù bìng zì　sì nián jūn hòu sān suì　yuán shòu liù nián hōng　　shàng dào zhī　　fā shǔ
去病自四年军后三岁，元狩六年薨②。上悼之，发属

guó xuán jiǎ　　jūn zhèn zì cháng ān zhì mào líng　wéi zhǒng xiàng qí lián shān　　shì zhī bìng
国玄甲，军陈自长安至茂陵，为冢象祁连山③。谥之并

wǔ yǔ guǎng dì　yuē jǐng huán hóu　　zǐ shàn sì　　shàn zì zǐ hóu shàng ài zhī　xìng
武与广地曰景桓侯④。子嬗嗣⑤。嬗字子侯，上爱之，幸

qí zhuàng ér jiāng zhī　　wéi fèng chē dū wèi　cóng fēng tài shān ér hōng　　wú zǐ
其壮而将之⑥。为奉车都尉，从封泰山而薨⑦。无子，

guó chú
国除⑧。

······

---

　　①喜士：喜爱士兵。退让：谦和礼让。自媚：主动讨好。然于天下无有称：但是天下人没有称扬的。　②四年：元狩四年，公元前115年。军后三岁：出兵以后的第三年。薨：诸侯或有爵位的大臣死称为薨，霍去病死时年仅二十四岁。③发：征发。玄甲：穿黑甲的士兵。阵：送葬的队列。为冢象祁连山：霍去病墓在陕西兴平茂陵东北五里高原上，与卫青墓相邻，从侧面看墓像祁连山的形状。　④谥之并武与广地曰景桓侯：结合"武"和"广地"的意思定谥号为"景桓侯"。谥，谥号。武，勇武刚强。广地，开疆拓土。⑤嗣：继承。⑥幸：希望。壮：长大成人。将之：任命为将军。⑦为：任。奉车都尉：掌皇帝的车马的官。从：跟随皇帝。封泰山：在泰山祭祀天地的封禅大典。⑧国除：指霍嬗没有子嗣可以承袭爵位，原来的封国爵位被剥夺。国，封国。

司马相如传（节选）

司马相如字长卿，蜀郡①成都人也。少时好读书，学击剑，名犬子②。相如既学，慕蔺相如之为人也，更名相如③。以訾为郎，事孝景帝为武骑常侍，非其好也④。会景帝不好辞赋，是时梁孝王来朝，从游说之士齐人邹阳、淮阴枚乘、吴严忌夫子之徒，相如见而说之，因病免，客游梁，得与诸侯游士居，数岁，乃著《子虚之赋》⑤。

会梁孝王薨，相如归，而家贫无以自业⑥。素与临邛令王吉相善⑦，吉曰："长卿久宦游，不遂而困，来过

①蜀郡：今四川成都。 ②犬子：司马相如小名。 ③蔺相如：战国时赵国大臣，有胆有识。更：改。 ④以訾为郎：花钱买个"郎"这样的小官。訾，通"赀"，钱财。事：侍奉。孝景帝：即汉景帝，汉代皇帝谥号多有孝字，一般称呼时略去。武骑常侍：皇帝的骑从官。好：喜欢。 ⑤会：遇上。邹阳、枚乘、严忌：都是梁孝王的门客，当时有名的文学之士。说：同"悦"，喜欢。病免：借口生病辞了官。客游：在外游历。梁：王国名，今河南商丘东南。居：居留。《子虚之赋》：即《子虚赋》。 ⑥业：从事。 ⑦素：向来。临邛令：临邛长官。

wǒ。"于是相如往舍都亭②。临邛令缪为恭敬,日往朝

相如③。相如初尚见之,后称病,使从者谢④吉。吉愈益

谨肃⑤。

临邛多富人,卓王孙僮客八百人⑥,程郑亦数百人,

乃相谓曰:"令有贵客,为具召之⑦。并⑧召令。"令既至,卓

氏客以百数,至日中请司马长卿,长卿谢病⑨不能临。

临邛令不敢尝食,身自迎相如,相如为不得已而强往,

一坐尽倾⑩。酒酣,临邛令前奏⑪琴曰:"窃⑫闻长卿好之,

愿以自娱。"相如辞谢,为鼓一再行⑬。是时,卓王孙有女

文君新寡,好音,故相如缪与令相重而以琴心挑之⑭。

相如时从车骑,雍容闲雅,甚都⑮。及饮卓氏弄琴,文君

汉书诵读本

---

①遂:功成名就。过我:到我这儿来。过,探访。 ②舍:居住。都亭:临邛县亭。 ③缪:假装。日:每天。朝:拜访。
④谢:辞谢。 ⑤愈益:更加。谨肃:谨慎恭敬。 ⑥僮:奴婢。 ⑦令:指王吉。具:酒菜之类。召:邀请。 ⑧并:一并。
⑨谢病:称病辞谢。 ⑩身:亲自。为:同"伪",假装。强:勉强。尽倾:为司马相如的风采所倾倒。 ⑪奏:献上。
⑫窃:私下里。 ⑬辞谢:推辞了一下。一再行:一二首曲子。 ⑭新寡:才守寡。好音:喜欢音乐。相重:互相引重。以琴
心挑之:用琴声挑逗卓文君。 ⑮从车骑:车马跟从。都:英俊漂亮。

51

窃从户窥，心说而好之，恐不得当也①。既罢，相如乃令侍

人重赐文君侍者通殷勤②。文君夜亡奔相如，相如与驰

归成都③。家徒四壁立④。卓王孙大怒曰："女不材⑤，我

不忍杀，一钱不分也！"人或谓王孙，王孙终不听。文君

久之不乐，谓长卿曰："弟俱如临邛，从昆弟假贷，犹足以

为生，何至自苦如此⑥！"相如与俱之临邛，尽卖车骑，买

酒舍，乃令文君当卢⑦。相如身自著犊鼻裈，与庸保杂作，

涤器于市中⑧。卓王孙耻之，为杜⑨门不出。昆弟诸公

更⑩谓王孙曰："有一男两女，所不足者非财⑪也。今文君

既失身于司马长卿，长卿故倦游，虽贫，其人材足依也⑫。

且又令客⑬，奈何相辱如此！"卓王孙不得已，分与文君僮

百人，钱百万，及其嫁时衣被财物。文君乃与相如归成

①饮卓氏：在卓王孙家喝酒。从户窥：从门缝中偷看。说：通"悦"，喜欢。好之：欣赏他演奏的音乐。当：配得上。②使人：司马相如的侍从。侍者：卓文君的侍者。通殷勤：转达爱慕之意。③亡：逃跑。奔：私奔。④家徒四壁立：一无所有。徒，空空。⑤材：不成器。⑥第：只管。如：到。昆弟：兄弟。假贷：借贷。贷，通"贷"。⑦之：到。卢：通"垆"，放酒坛的土台子。⑧犊鼻裈：形状像牛犊鼻子的裤衩。庸保：酒馆的伙计。杂作：在一起干活。涤器：清洗酒器。⑨杜：关上。⑩更：轮流。⑪非财：不是财产。⑫倦游：厌倦了仕途。依：依靠。⑬令客：临邛令的客人。

52

都，买田宅，为富人。

居久之，蜀人杨得意为狗监，侍上①。上读《子虚赋》而善之，曰："朕独不得与此人同时②哉！"得意曰："臣邑人司马相如自言为此赋③。"上惊，乃召问相如。相如曰："有是④。然此乃诸侯之事，未足观，请为天子游猎之赋⑤。"上令尚书给笔札，相如以"子虚"，虚言也，为楚称⑥；"乌有先生"者，乌有此事也，为齐难⑦；"亡是公"者，亡⑧是人也，欲明天子之义。故虚藉此三人为辞，以推⑨天子诸侯之苑囿。其卒章归之于节俭，因以风谏⑩。奏之天子，天子大说⑪。

……

赋奏，天子以为郎⑫。亡是公言上林广大，山谷水泉

①狗监：负责给皇帝饲养猎狗的官。上：汉武帝。②同时：同时代。③邑人：老乡。为：创作。④有是：有这回事。⑤未足观：不值得一看。请为：请允许我创作。⑥尚书：掌档案文书的官。札：书写用的木简。为楚称：夸耀楚国。⑦乌有：不存在。为齐难：诘难楚国。⑧亡：通"无"。⑨推：推测。⑩卒章：终篇。风：通"讽"，讽谏。⑪说：通"悦"，高兴。⑫以为郎：把司马相如提升为郎。

万物,及子虚言云梦所有甚众,侈靡多过其实,且非义理

所止,故删取其要,归正道而论之①。

相如为郎数岁,会唐蒙使略通夜郎、僰中,发巴蜀吏

卒千人,郡又多为发转漕万余人,用军兴法诛其渠率②。

巴蜀民大惊恐。上闻之,乃遣相如责唐蒙等,因谕告巴

蜀民以非上意③。

……

相如还报。唐蒙已略通夜郎,因通西南夷道,发巴

蜀广汉卒,作者数万人④。治道二岁,道不成,士卒多物

故,费以亿万计⑤。蜀民及汉用事者多言其不便⑥。是时

邛、莋之君长闻南夷与汉通,得赏赐多,多欲愿为内臣

---

①上林:上林苑,汉武帝在秦代旧址上扩建的一所规模宏大的宫苑。云梦:云梦泽,楚王狩猎的地方。侈靡:奢侈靡丽。过其实:言过其实。义理所止:礼制正道所崇尚的。删:选录。要:要点。 ②略通:大概地开通。夜郎:地名,在今贵州西部地带。僰:古代西南少数民族的一支。发:征发。巴:郡名,今重庆长江北岸。蜀:郡名,今成都。多为发:多派出。转漕:运输。军兴:战时的法规。渠率:首领,指带头反对的老百姓。率,通"帅"。 ③责:责备。谕告:通告。非上意:不是皇上的原意。 ④因通西南夷道:借着已打通夜郎的路,开发通西南少数民族地区的路。广汉:郡名,在今四川金堂。作者:做工的人。 ⑤物故:死亡。费:耗费。 ⑥用事者:当权者。不便:没有什么好处。

妾，请吏，比南夷①。上问相如，相如曰："邛、莋、冉、駹
者近蜀，道易通，异时尝通为郡县矣，至汉兴而罢②。今
诚复通，为置县，愈于南夷③。"上以为然，乃拜相如为中
郎将，建节往使，副使者王然于、壶充国、吕越人，驰四
乘之传，因巴蜀吏币物以赂西南夷④。至蜀，太守以下郊
迎，县令负弩矢先驱，蜀人以为宠⑤。于是卓王孙、临邛
诸公皆因门下献牛酒以交欢⑥。卓王孙喟然而叹，自以
得使女尚司马长卿晚，乃厚分与其女财，与男等⑦。相
如使略定西南夷，邛、莋、冉、駹、斯榆之君请为臣妾，除边
关，边关益斥，西至沫、若水，南至牂牁为徼，通灵山道，桥
孙水，以通邛、莋⑧。还报，天子大说。

①邛：在今四川西昌东。莋：今四川盐源彝族自治县。邛、莋都为西夷。君长：首领。内臣妾：收纳为臣仆，意思是愿意成为属国。内，通"纳"。臣妾，臣仆。请吏：请求朝廷设置官吏。比南夷：比照南夷对待。②冉、駹：在今四川北部松潘、茂汶羌族自治县一带。异时：曾经。③诚：如果。愈：胜过。④建节：持符节。驰：驾乘。四乘：四辆。传：传车。因：通过。吏币：官吏关系和财物。赂：拉拢收买。⑤负弩矢：背着弓箭。先驱：在前面引路。⑥门下：司马相如门下。交欢：巴结，讨司马相如的欢心。⑦尚：婚配。男：儿子。⑧斯榆：汉代置徙县，在今四川天全东南。除：拆除。边关益斥：新的边关得到扩展。斥，开拓。沫：古沫水，今天的大渡河。若水：古水名，今天雅砻江。牂牁：郡名，在今贵州黄平西南。徼：边界。灵山道：灵山道，在今四川峨边县南。桥：筑桥。孙水：今四川西南部安宁河。

55

相如使时，蜀长老多言通西南夷之不为用，大臣亦以为然①。相如欲谏，业已建之，不敢，乃著书，藉蜀父老为辞，而已诘难之，以风天子，且因宣其使诣，令百姓皆知天子意②。

……

其后人有上书言相如使时受金，失官③。居岁余④，复召为郎。

相如口吃而善著书。常有消渴病⑤。与卓氏婚，饶于财。故其仕宦，未尝肯与公卿国家之事，常称疾闲居，不慕官爵⑥。尝从上至长杨⑦猎。是时天子方好自击熊豕，驰逐壄兽，相如因上疏谏⑧。

……

①不为用：没有什么用处。以为然：这样认为。 ②欲谏：也想劝说皇上通西南夷没什么用。建之：前面已建议通西南夷。建，提议。不敢：不敢前后不一。藉：通"借"。诘难：质问。风：通"讽"，讽谏。宣：宣告。使诣：出使的本意。 ③受金：收受贿赂。失官：被免官。 ④岁余：一年多。 ⑤消渴病：今称糖尿病。 ⑥与：参与。称疾：装病。 ⑦长杨：长杨宫，在今陕西周至。 ⑧自击熊豕：亲自猎杀熊、野猪。壄：古"野"字。因：于是。

相如既病免，家居茂陵①。天子曰："司马相如病甚，可往从悉取其书，若后之②矣。"使所忠③往，而相如已死，家无遗书。问其妻，对曰："长卿未尝有书也。时时④著书，人又取去。长卿未死时，为一卷书，曰有使来求书，奏⑤之。"其遗札书言封禅事，所忠奏焉，天子异之⑥。

……

相如既卒五岁，上始祭后土⑦。八年而遂礼中岳，封于太山，至梁甫，禅肃然⑧。

……

---

①茂陵：汉武帝陵，又为县名，在今陕西兴平东北。 ②后之：如果不这样，恐怕就丢失了。 ③所忠：使者名。 ④时时：时常。 ⑤奏：献上。 ⑥言：说。封禅：古代帝王祭祀天地的大典。封，祭天。禅，祭地。 ⑦卒：去世。五岁：五年。 ⑧八年：司马相如去世后八年。礼：祭拜。中岳：嵩山。太山：即泰山。梁甫：又名梁父，泰山下的小山。肃然：泰山东面的肃然山。

朱买臣传

朱买臣字翁子，吴①人也。家贫，好读书，不治产业，常艾
薪樵，卖以给食，担束薪，行且诵书②。其妻亦负戴相随，数止
买臣毋歌呕道中③。买臣愈益疾歌，妻羞之，求去④。买臣笑
曰："我年五十当富贵，今已四十余矣。女⑤苦日久，待我富贵
报女功。"妻恚怒曰："如公等⑥，终饿死沟中耳，何能富
贵？"买臣不能留，即听⑦去。其后，买臣独行歌道中，负薪墓
间。故妻与夫家俱上冢，见买臣饥寒，呼饭饮之⑧。

后数岁，买臣随上计吏为卒，将重车至长安，诣阙
上书，书久不报⑨。待诏公车，粮用乏，上计吏卒更乞匄

---

①吴：吴县，今江苏苏州。②治：经营。艾：通"刈"，砍。薪樵：柴火。给食：供给吃喝。③负：背着。戴：顶在头上。呕：通"讴"，歌唱。④愈益：更加。疾：大。去：离开。⑤女：通"汝"，你。⑥公等：像你这样的人。⑦听：任凭。⑧故妻：前妻。夫家：前妻丈夫等人。冢：坟墓。呼：召唤。饭饮之：给他吃喝。⑨上计吏：地方上每年到朝廷呈报会计账簿的官吏。将：推着。重车：装载衣食之类的车。诣阙：到皇宫门前。报：回复。

之①。会邑子严助贵幸,荐买臣②。召见,说《春秋》,言《楚词》,帝甚说之,拜买臣为中大夫,与严助俱侍中③。是时方筑朔方,公孙弘谏,以为罢敝中国④。上使买臣难诎弘,语在《弘传》⑤。后买臣坐事免,久之,召待诏⑥。

是时,东越数反覆⑦,买臣因言:"故东越王居保泉山,一人守险,千人不得上⑧。今闻东越王更徙处南行,去泉山五百里,居大泽中⑨。今发兵浮⑩海,直指泉山,陈舟列兵,席卷南行,可破灭也。"上拜买臣会稽太守。上谓买臣曰:"富贵不归故乡,如衣绣夜行,今子何如⑪?"买臣顿首辞谢。诏买臣到郡,治楼船,备粮食、水战具,须诏书到,军与俱进⑫。

---

①公车:官署名,待诏的人暂住在这里。更:轮流。乞匄:给予。匄,通"丐"。 ②会:恰好遇上。邑子:同乡。贵幸:地位高又受皇帝宠幸。 ③《楚词》:即《楚辞》。说:通"悦",高兴。俱侍中:同为侍中。④筑朔方:修筑朔方郡城。罢敝:使困苦穷乏。罢,通"疲",困乏。中国:国家,朝廷。⑤难:驳难。诎:折服。语在《弘传》:这件事情记载在《公孙弘传》里。⑥坐事:犯法。召:招来。⑦是时:这时。反覆:反叛又归服。⑧泉山:后称清源山,在今福建泉州。险:险要的地方。⑨徙处:迁居。南行:向南走。去:离开。大泽:今台湾海峡。⑩浮:渡。⑪富贵不归故乡,如衣绣夜行:这是武帝引用项羽说过的话。衣绣,穿着锦绣衣服。子:你。⑫治:修造。楼船:汉代外观像楼的战船。须:等待。俱:一起。

汉书诵读本

初，买臣免，待诏，常从会稽守邸者寄居饭食①。拜为太守，买臣衣故衣，怀其印绶，步归郡邸②。直上计时，会稽吏方相与群饮，不视买臣③。买臣入室中，守邸与共食，食且饱，少见其绶，守邸怪之，前引其绶，视其印，会稽太守章也④。守邸惊，出语⑤上计掾吏。皆醉，大呼曰："妄诞⑥耳！"守邸曰："试来视之。"其故人素轻买臣者入内视之⑦，还走，疾呼曰："实然⑧！"坐中惊骇，白守丞，相推排陈列中庭拜谒⑨。买臣徐出户⑩。有顷，长安厩吏乘驷马车来迎，买臣遂乘传⑪去。会稽闻太守且至，发民除道⑫，县吏并送迎，车百余乘。入吴界，见其故妻、妻夫治道⑬。买臣驻车，呼令后车载其夫妻，到太守舍，置园中，给食之。居一月，妻自经死，买臣乞其夫钱，令葬⑭。悉召

---

①免：被免官。会稽：今浙江绍兴。守邸者：看守房子的小官。邸，会稽太守在京都的公馆。寄居饭食：借住吃饭。②衣故衣：穿着旧衣服。印绶：太守的印信和系印的丝带。③直：通"值"。上计时：地方官吏呈报考核文书的时间。相与：在一起。④且饱：快吃饱的时候。少：稍微。见：通"现"，露出。引：拉。⑤出语：出去告诉。⑥妄诞：胡说八道。⑦故人：老朋友。轻：轻视。入内：入室。⑧实然：确实是这样。⑨白：禀报。守丞：会稽守邸丞。相推排：互相推搡着。⑩户：门。⑪传：驿车。⑫除道：修整道路。⑬治道：修路。⑭自经：上吊自杀。乞：给予。

jiàn gù rén yǔ yìn sì zhū cháng yǒu ēn zhě　jiē bào fù yān
见故人与饮食诸尝有恩者,皆报复焉①。

　　jū suì yú　mǎi chén shòu zhào jiàng bīng　yǔ héng hǎi jiāng jūn hán shuō děng jù　jī pò
　　居岁余,买臣受诏将兵,与横海将军韩说等俱击破

dōng yuè　yǒu gōng　　zhēng rù wéi zhǔ jué dū wèi　liè yú jiǔ qīng
东越,有功②。征入为主爵都尉③,列于九卿。

　　shù nián　zuò fǎ miǎn guān　fù wéi chéng xiàng zhǎng shǐ　zhāng tāng wéi yù shǐ dà
　　数年,坐法免官,复为丞相长史。张汤为御史大

fū　shǐ mǎi chén yǔ yán zhù jù shì zhōng　guì yòng shì　tāng shàng wéi xiǎo lì　qū zǒu mǎi
夫。始买臣与严助俱侍中,贵用事,汤尚为小吏,趋走买

chén děng qián　　hòu tāng yǐ tíng wèi zhì huái nán yù　pái xiàn yán zhù　mǎi chén yuàn tāng
臣等前④。后汤以廷尉治淮南狱,排陷严助,买臣怨汤⑤。

jí mǎi chén wéi zhǎng shǐ　tāng shuò xíng chéng xiàng shì　zhī mǎi chén sù guì　gù líng zhé
及买臣为长史,汤数行丞相事,知买臣素贵,故陵折

zhī　　mǎi chén jiàn　tāng zuò chuáng shàng fú wéi lǐ　　mǎi chén shēn yuàn　cháng yù sǐ
之⑥。买臣见,汤坐床上弗为礼⑦。买臣深怨,常欲死

zhī　hòu suì gào tāng yīn shì　tāng zì shā　shàng yì zhū mǎi chén　　mǎi chén zǐ shān fù guān
之,后遂告汤阴事,汤自杀,上亦诛买臣⑧。买臣子山拊官

zhì jùn shǒu　yòu fú fēng
至郡守,右扶风⑨。

___

　　①悉召见:全部召见。饮食:供给吃喝。报复:回报。　②居岁余:过了一年多。将:率领。　③主爵都尉:汉代负责封爵的官员。　④贵:尊贵。用事:当权。　⑤廷尉:负责刑狱的官。淮南狱:指淮南王刘安谋反的案件。排陷:排挤陷害。　⑥行丞相事:行使丞相的权力。陵折:陵辱。　⑦见:拜见。弗为礼:不以礼相待。　⑧死之:豁出命置人于死地。告:告发。阴事:见不得人的事情。　⑨右扶风:官名,汉代三辅之一。

东方朔传（节选）

dōng fāng shuò zhuàn

东方朔字曼倩，平原厌次人也①。武帝初即位，征天

下举方正贤良文学材力之士，待以不次之位，四方士多

上书言得失，自衒鬻者以千数，其不足采者辄报闻罢②。

朔初来，上书曰："臣朔少失父母，长养兄嫂③。年十三

学书，三冬文史足用④。十五学击剑。十六学《诗》《书》，

诵二十二万言⑤。十九学孙吴兵法，战阵之具，钲鼓之教，

亦诵二十二万言⑥。凡臣朔固已诵四十四万言。又常服

子路之言⑦。臣朔年二十二，长九尺三寸，目若悬珠，齿

①平原：郡名，在今山东平原南。厌次：县名，在今山东惠民东北。②方正贤良文学：方正、贤良、文学分别是汉代察举人才的科目。不次：破格提拔。自衒鬻：自己夸耀才能。辄：就。采：录用。报闻罢：经过请示皇帝而不录用。③长养兄嫂：由兄嫂养大。④三冬：三年。文史：文书记事。足用：足够应用。⑤言：字，一言就是一字。⑥孙：孙武。吴：吴起。钲鼓之教：古代用兵打仗，敲钲表示停止，击鼓表示前进。⑦子路之言：《论语》中子路说："千乘之国，摄乎大国之间，加之以师旅，因之以饥馑；由也为之，比及三年，可使有勇，且知方也。"引申为具有像子路那样治理诸侯国的能力。子路，孔子弟子。

ruò biān bèi　yǒng ruò mèng bēn　jié ruò qìng jì　lián ruò bào shū　xìn ruò wěi shēng　　ruò
若编贝，勇若孟贲，捷若庆忌，廉若鲍叔，信若尾生①。若

cǐ　kě yǐ wéi tiān zǐ dà chén yǐ　　chén shuò mèi sǐ zài bài yǐ wén
此，可以为天子大臣矣。臣朔昧死再拜以闻②。"

shuò wén cí bù xùn　gāo zì chēng yù　shàng wěi zhī　lìng dài zhào gōng chē　fèng lù
朔文辞不逊，高自称誉，上伟之，令待诏公车，奉禄

bó　wèi dé xǐng jiàn
薄，未得省见③。

jiǔ zhī　shuò dài zōu zhū rú　　yuē　　shàng yǐ ruò cáo wú yì yú xiàn guān　gēng tián
久之，朔绐骀朱儒④，曰："上以若曹无益于县官，耕田

lì zuò gù bù jí rén　lín zhòng chù guān bù néng zhì mín　cóng jūn jī lǔ bù rèn bīng shì
力作固不及人，临众处官不能治民，从军击虏不任兵事，

wú yì yú guó yòng　tú suǒ yī shí　jīn yù jìn shā ruò cáo　　zhū rú dà kǒng　tí qì
无益于国用，徒索衣食，今欲尽杀若曹⑤。"朱儒大恐，啼泣。

shuò jiào yuē　shàng jí guò　　kòu tóu qǐng zuì　　jū yǒu qǐng　wén shàng guò　zhū rú jiē
朔教曰："上即过⑥，叩头请罪。"居有顷⑦，闻上过，朱儒皆

háo qì dùn shǒu　shàng wèn　　hé wèi　　duì yuē　　dōng fāng shuò yán shàng yù jìn zhū
号泣顿首。上问："何为⑧?"对曰："东方朔言上欲尽诛

chén děng　shàng zhī shuò duō duān　zhào wèn shuò　hé kǒng　zhū rú wéi　　duì yuē　chén
臣等。"上知朔多端⑨，召问朔："何恐⑩朱儒为?"对曰："臣

shuò shēng　yì yán　sǐ yì yán　zhū rú cháng sān chǐ yú　fèng　yī náng sù　qián èr bǎi
朔生⑪亦言，死亦言。朱儒长三尺余，奉⑫一囊粟，钱二百

东方朔传

汉书诵读本

①编贝：编起来的贝壳。孟贲：战国著名勇士。庆忌：春秋时勇士，传说非常敏捷灵活，箭射不中，马追不及。鲍叔：鲍叔牙，春秋时齐大夫，与管仲合伙做生意，自己总是拿的少。尾生：传说古代最讲信用的人。他与人约好在桥下见面，所约的人一直没来，河水上涨，尾生抱着桥柱被淹死。②昧死：冒死。以闻：禀告。③不逊：不谦虚。上：皇帝。伟之：以为了不起。公车：汉代官署名，负责宫中司马门的警卫，并接待上书及被诏的臣民。奉禄：俸禄。未得省见：没得到皇帝召见。④绐：欺骗。骀：看马圈的人。朱儒：侏儒。⑤若曹：你们。县官：天子，朝廷。固：本来。处官：任职。任：胜任。徒索衣食：白白耗费吃穿。⑥即过：就要经过。⑦居有顷：过了不久。⑧何为：为什么。⑨多端：点子多。⑩恐：吓唬。⑪生：活着。⑫奉：通"俸"。

汉书诵读本

四十。臣朔长九尺余，亦奉一囊粟，钱二百四十。朱儒饱欲死，臣朔饥欲死。臣言可用，幸异其礼①；不可用，罢之，无令但索长安米。"上大笑，因使待诏金马门②，稍得亲近。

上尝使诸数家射覆，置守宫盂下，射之，皆不能中③。朔自赞曰："臣尝受《易》④，请射之。"乃别著⑤布卦而对曰："臣以为龙又无角，谓之为蛇又有足，跂跂脉脉善缘壁，是非守宫即蜥蜴⑥。"上曰："善。"赐帛十匹。复使射他物，连中，辄⑦赐帛。

时有幸倡郭舍人，滑稽不穷⑧，常侍左右，曰："朔狂，幸中耳，非至数也⑨。臣愿令朔复射，朔中之，臣榜⑩百，不能中，臣赐帛。"乃覆树上寄生⑪，令朔射之。

①幸异其礼：请求给予不同的待遇。②金马门：未央宫门，因其门旁有铜马，故名"金马门"。③数家：术数家。射覆：猜测被覆盖的东西，是古代的一种游戏。守宫：壁虎。中：猜中。④受《易》：学过《周易》。⑤别：分开。别著：将手中蓍草左右分开来起卦。蓍，古代用来算卦的一种草。⑥跂跂：虫子爬行的样子。脉脉：专心凝视的样子。缘壁：爬墙。⑦辄：每次。⑧幸倡：得到皇帝宠幸的倡优。滑稽：能言善辩，幽默风趣。⑨狂：狂妄。幸：侥幸。至：实在。数：术数。⑩榜：鞭挞。⑪寄生：寄生菌。

朔曰："是窭薮^①也。"舍人曰："果知朔不能中也。"朔曰：

"生肉为脍，干肉为脯；著树为寄生，盆下为窭数^②。"上令

倡监榜舍人，舍人不胜痛，呼謈^③。朔笑之曰："咄^④！口

无毛，声謷謷，尻益高^⑤。"舍人恚曰："朔擅诋欺天子从

官，当弃市^⑥。"上问朔："何故诋之？"对曰："臣非敢诋之，

乃与为隐^⑦耳。"上曰："隐云何^⑧？"朔曰："夫口无毛者，狗

窦^⑨也；声謷謷者，鸟哺鷇^⑩也；尻益高者，鹤俛啄^⑪也。"舍

人不服，因曰："臣愿复问朔隐语，不知，亦当榜。"即妄为

谐语曰^⑫："令壶龃，老柏涂，伊优亚，狋吽牙，何谓也^⑬？"朔

曰："令者，命也。壶者，所以盛^⑭也。龃者，齿不正也。

老者，人所敬也。柏^⑮者，鬼之廷也。涂者，渐洳^⑯径也。伊

优亚者，辞未定^⑰也。狋吽牙者，两犬争也。"舍人所问，

①窭薮：头上用来顶东西的环形草垫。薮，通"薮"，草。 ②著：附着。 ③倡监：黄门倡监。謈：因为疼痛而叫唤。
④咄：呵叱声。 ⑤謷謷：哀鸣声。尻：臀部。 ⑥擅诋欺：随便诋毁欺辱。从官：侍从官员。弃市：在市场上处死示众。
⑦隐：谜语。 ⑧云何：怎么说。 ⑨狗窦：狗洞。 ⑩鷇：嗷嗷待哺的雏鸟。 ⑪俛啄：低头啄食。俛，通"俯"。 ⑫妄
为：随口乱编。谐语：谐音的谜语。 ⑬涂：通"途"。狋：犬争斗声。吽：犬争斗声。 ⑭盛：装东西。 ⑮柏：墓地中的
柏树。 ⑯渐洳：浸湿。 ⑰辞未定：说话不清楚。

汉书诵读本

shuò yìng shēng zhé duì　biàn zhà fēng chū　mò néng qióng zhě　zuǒ yòu dà jīng　　shàng yǐ shuò
朔 应 声 辄对，变诈锋出，莫能 穷者，左右大惊①。 上以朔

wéi cháng shì láng　　suì dé ài xìng
为 常 侍郎②，遂得爱幸。

jiǔ zhī　fú rì　zhào cì cóng guān ròu　tài guān chéng rì yàn bù lái　shuò dú
久之，伏日③，诏赐从官肉。大官丞日晏不来，朔独

bá jiàn gē ròu　wèi qí tóng guān yuē　　fú rì　dāng zǎo guī　qǐng shòu cì　　jí huái ròu
拔剑割肉，谓其同官曰④："伏日⑤当蚤归，请受赐。"即怀肉

qù　　tài guān zòu zhī　shuò rù　　shàng yuē　zuó cì ròu　bù dài zhào　yǐ jiàn gē ròu
去。大官奏之。朔入⑥，上曰："昨赐肉，不待诏，以剑割肉

ér qù zhī　hé yě　shuò miǎn guān xiè　　shàng yuē　xiān shēng qǐ zì zé yě　　shuò
而去之，何也？"朔 免 冠谢⑦。 上曰："先 生起自责也。"朔

zài bài yuē　shuò lái　　shuò lái　　shòu cì bù dài zhào　hé wú lǐ yě　　bá jiàn gē
再拜曰："朔来⑧！ 朔来！ 受赐不待诏，何无礼也！ 拔剑割

ròu　yī hé zhuàng yě　　gē zhī bù duō　yòu hé lián yě　　guī wèi xì jūn　yòu hé rén
肉，一何 壮 也！ 割之不多，又何廉也！ 归遗细君，又何仁

yě　　shàng xiào yuē　shǐ xiān shēng zì zé　nǎi fǎn zì yù　　fù cì jiǔ yī shí ròu
也⑨！"上 笑曰："使先生自责，乃反自誉！"复赐酒一石，肉

bǎi jīn　guī wèi xì jūn
百斤，归遗细君。

……

jiǔ zhī　lóng lǜ gōng zhǔ zǐ zhāo píng jūn shàng dì nǚ yí ān gōng zhǔ　lóng lǜ zhǔ bìng
久之，隆虑公主子昭平君尚帝女夷安公主，隆虑主病

kùn　yǐ jīn qiān jīn qián qiān wàn wéi zhāo píng jūn yù shú sǐ zuì　shàng xǔ zhī　　lóng lǜ
困，以金千斤钱千万为昭 平君豫赎死罪，上许之⑩。 隆虑

①辄：就。 穷：难住。 ②常侍郎：官名，侍从皇帝。 ③伏日：三伏天。 ④大官丞：少府属官。大，通"太"。晏：晚。
⑤蚤：通"早"。请受赐：请允许我接受皇上赏赐的肉。 ⑥入：上朝。 ⑦谢：请罪。 ⑧来：语气词。 ⑨遗：给予。细
君：妻子。 ⑩隆虑公主：景帝之女，武帝之妹。 尚：娶公主为妻。病困：病危。 豫赎死罪：预先赎买死罪。

zhǔ zú　zhāo píng jūn rì jiāo　zuì shā zhǔ fù　yù xì nèi guān　　yǐ gōng zhǔ zǐ　tíng
主卒，昭平君日骄，醉杀主傅，狱系内官①。以公主子，廷

wèi shàng qǐng qǐng lùn　　zuǒ yòu rén rén wèi yán　qián yòu rù shú　bì xià xǔ zhī
尉上请请论②。左右人人为言："前又入赎，陛下许之。"

shàng yuē　　wú dì lǎo yǒu shì yī zǐ　sǐ yǐ zhǔ wǒ　　yú shì wèi zhī chuí tì tàn
上曰："吾弟老有是一子，死以属我③。"于是为之垂涕叹

xī　liáng jiǔ yuē　　fǎ lìng zhě　xiān dì suǒ zào yě　yòng dì gù ér wū xiān dì zhī fǎ
息，良久曰："法令者，先帝所造也，用弟故而诬先帝之法，

wú hé miàn mù rù gāo miào hū　　yòu xià fù wàn mín　nǎi kě qí zòu　āi bù néng
吾何面目入高庙乎④！又下负⑤万民。"乃可其奏⑥，哀不能

zì zhǐ　zuǒ yòu jìn bēi　shuò qián shàng shòu　yuē　chén wén shèng wáng wéi zhèng　shǎng
自止，左右尽悲。朔前上寿⑦，曰："臣闻圣王为政，赏

bù bì chóu chóu　zhū bù zé gǔ ròu　　shū yuē　bù piān bù dǎng　wáng dào dàng
不避仇雠，诛不择骨肉⑧。《书》曰：'不偏不党，王道荡

dàng　　cǐ èr zhě　wǔ dì suǒ zhòng　sān wáng suǒ nán yě　　bì xià xíng zhī　shì yǐ
荡⑨。'此二者，五帝所重，三王所难也⑩。陛下行之，是以

sì hǎi zhī nèi yuán yuán　zhī mín gè dé qí suǒ　tiān xià xìng shèn　chén shuò fèng shāng
四海之内元元⑪之民各得其所，天下幸甚！臣朔奉觞⑫，

mèi sǐ zài bài shàng wàn suì shòu　shàng nǎi qǐ　rù shěng zhōng　xī shí zhào ràng shuò
昧死再拜上万岁寿。"上乃起，入省中，夕时召让朔，

yuē　　zhuàn yuē　shí rán hòu yán　rén bù yàn qí yán　jīn xiān shēng shàng shòu
曰⑬："传⑭曰：'时然后言⑮，人不厌其言。'今先生上寿，

shí hū　　shuò miǎn guān dùn shǒu yuē　chén wén lè tài shèn zé yáng yì　āi tài shèn zé
时乎⑯？"朔免冠顿首曰："臣闻乐太甚则阳溢，哀太甚则

---

①日：日益。主傅：隆虑公主的保姆。系：关押。内官：官署名。　②上请：向皇帝请示。请论：申请判定其罪。
③弟：妹妹。是：这个。属：嘱托。　④用：因为。诬：违背。　⑤负：辜负。　⑥可其奏：批准了廷尉的奏请。　⑦上寿：祝贺。
⑧雠：仇人。骨肉：亲生儿女。　⑨《书》：《尚书》。党：偏袒。荡荡：平坦。　⑩二者：指《尚书》中这两句话。五帝：伏
羲、神农、皇帝、尧、舜。三王：夏禹、商汤、周文王。难：为难。　⑪元元：百姓。　⑫奉觞：敬酒。觞：盛酒器。　⑬省中：
宫中。让：责备。　⑭传：指《论语》。　⑮时然后言：该说话的时候才说话。　⑯时乎：是合适的时候吗。

yīn sǔn　yīn yáng biàn zé　xīn qì dòng　xīn qì dòng zé jīng shén sàn　jīng shén sàn ér xié qì
阴损，阴阳 变则心气动，心气动则精神散，精神散而邪气

jí　　xiāo yōu zhě mò ruò jiǔ　chén shuò suǒ yǐ shàng shòu zhě　míng bì xià zhèng ér bù ē
及①。销忧者莫若酒，臣朔所以上 寿者，明陛下正而不阿，

yīn yǐ zhǐ āi yě　　yú bù zhī jì huì　dāng sǐ　xiān shì　shuò cháng zuì rù diàn
因以止哀也②。愚不知忌讳，当死。"先是，朔 尝醉入殿

zhōng　xiǎo yí diàn shàng　hé bù jìng　　yǒu zhào miǎn wéi shù rén　dài zhào huàn zhě shǔ
中，小遗殿 上，劾不敬③。有诏 免为庶人，待诏宦者署，

yīn cǐ duì　fù wéi zhōng láng　cì bó bǎi pǐ
因此对④复为中 郎，赐帛百四。

　　　　chū　dì gū guǎn táo gōng zhǔ　hào dòu tài zhǔ　táng yì hóu chén wǔ shàng zhī　wǔ
　　初，帝姑馆陶公主⑤号窦太主，堂邑侯陈午尚之。午

sǐ　zhǔ guǎ jū　nián wǔ shí yú yǐ　jìn xìng dǒng yǎn　shǐ yǎn yǔ mǔ yǐ mài zhū wéi
死，主寡居，年五十余矣，近幸⑥董偃。始偃与母以卖珠为

shì　yǎn nián shí sān　suí mǔ chū rù zhǔ jiā　　zuǒ yòu yán qí jiāo hǎo　zhǔ zhào jiàn
事，偃年十三，随母出入主家⑦。左右言其姣⑧好，主召见，

yuē　　wú wèi mǔ yǎng zhī　yīn liú dǐ zhōng　jiào shū jì xiàng mǎ yù shè　pō dú zhuàn
曰："吾为母养之⑨。"因留第中，教书计相马御射，颇读 传

jì　　zhì nián shí bā ér guàn　chū zé zhí pèi　rù zé shì nèi　　wéi rén wēn róu ài
记⑩。至年十八而冠，出则执辔，入则侍内⑪。为人温柔爱

rén　yǐ zhǔ gù　zhū gōng jiē zhī　míng chēng chéng zhōng　hào yuē dǒng jūn　zhǔ yīn tuī lìng
人，以主故，诸公接之，名 称 城 中，号曰董君，主因推令

---

①阳溢：阳气过盛。阴：阴气。动：激动。散：散乱。及：来。　②销：通"消"，消解。正而不阿：刚正不阿。因以止哀也：所以才敬酒宽慰。　③先是：在这以前。小遗：小便。劾不敬：被弹劾犯了大不敬的罪。　④此对：这次对话。⑤馆陶公主：文帝女儿，窦太后所生，所以又称"窦太主"。　⑥近幸：宠幸。　⑦事：生计。主家：窦太主家。　⑧姣：漂亮。⑨为母养之：代母亲抚养他。　⑩第：通"邸"。书：写字。计：计算。相马：观察、评价马的优劣。御：驾车。传记：指记载的文字。⑪出则执辔：窦太主出门他就驾车。入则侍内：窦太主在家他就侍奉。

散财交士,令中府曰①:"董君所发,一日金满百斤,钱满百
万,帛满千匹,乃白之②。"安陵爰叔者,爰盎兄子③也,与偃
善,谓偃曰:"足下私侍汉主,挟不测之罪,将欲安处④乎?"
偃惧曰:"忧之久矣,不知所以⑤。"爰叔曰:"顾城庙远无
宿宫,又有萩竹籍田,足下何不白主献长门园⑥?此上所
欲也。如是,上知计出于足下也,则安枕而卧,长无惨怛⑦
之忧。久之不然,上且请之,于足下何如⑧?"偃顿首曰:
"敬奉教⑨。"入言之主,主立奏书献之。上大说⑩,更名窦
太主园为长门宫。主大喜,使偃以黄金百斤为爰叔寿⑪。

叔因是为董君画求见上之策,令主称疾不朝⑫。上
往临疾⑬,问所欲,主辞谢曰:"妾幸蒙陛下厚恩,先帝遗

_____

①诸公:有名望的贵族。接:接待。推:引荐。令:命令。中府:掌管公主财物的官员。②发:支取。乃白之:才
报告。③兄子:哥哥的儿子。④安处:安然处身。⑤所以:用什么办法。⑥顾成庙远无宿宫:顾成庙离京城远又
没有皇帝居住的宿宫。顾成庙,即文帝庙。萩竹:楸树和竹林。籍田:皇帝每年举行亲自耕作仪式的田地。白主:禀
告窦太主。献长门园:把窦太主的长门园献给皇帝作为宿馆。⑦惨怛:忧伤悲苦。⑧不然:不这样。请之:索要长
门园。⑨奉教:遵从教诲。⑩说:通"悦"。⑪寿:祝寿。⑫因是:因此。画:谋划。称疾:假称有病。⑬临疾:君
主探望臣下的病情。

德,奉朝请之礼,备臣妾之仪,列为公主,赏赐邑入,隆天

重地,死无以塞责①。一日卒有不胜洒扫之职,先狗马填

沟壑,窃有所恨,不胜大愿,愿陛下时忘万事,养精游神,

从中掖庭回舆,枉路临妾山林,得献觞上寿,娱乐左

右②。如是而死,何恨之有!"上曰:"主何忧?幸③得愈。

恐群臣从官多,大为主费④。"上还。有顷,主疾愈,起谒,

上以钱千万从主饮⑤。后数日,上临山林,主自执宰敝

膝,道入登阶就坐⑥。坐未定,上曰:"愿谒主人翁。"主乃

下殿,去簪珥,徒跣顿首谢曰⑦:"妾无状⑧,负陛下,身当

伏诛。陛下不致之法⑨,顿首死罪。"有诏谢⑩。主簪履起,

之东箱自引董君⑪。董君绿帻傅韝,随主前,伏殿下⑫。

①奉朝请之礼:意思是有参加朝见的资格。朝请,春天朝见皇上为"朝",秋天朝见为"请"。邑入:食邑的租赋收入。塞责:敷衍了事。 ②卒:通"猝",突然。不胜洒扫之职:不能再给皇帝尽职效忠,意思是死了。胜,负担。先:先于。填沟壑:埋到沟壑里,也是死的委婉说法。窃:私下。恨:遗憾。不胜大愿:不能了却报答陛下的心愿。回舆:返回宫中。舆,皇上的车架。枉路:多走点弯路。山林:指窦太主的宅邸。 ③幸:希望。④费:破费。⑤有顷:过了不久。起谒:上朝拜见皇上。⑥执宰敝膝:穿着厨师的围裙。道:引路。⑦去:去除。簪:插髻的首饰。珥:珠玉耳饰。徒跣:光脚。谢:请罪。⑧无状:没脸见人。⑨致之法:加罪。⑩有诏谢:皇帝下诏免罪。⑪簪:戴上簪子。履:穿上鞋。东箱:东厢房。⑫绿帻:绿色的包头巾。傅韝:套袖。

主乃赞①："馆陶公主胞人臣偃昧死再拜谒②。"因叩头谢，上为之起。有诏赐衣冠上③。偃起，走就衣冠。主自奉食进觞。当是时，董君见尊不名，称为"主人翁"，饮大欢乐④。主乃请赐将军列侯从官金钱杂缯各有数⑤。于是董君贵宠，天下莫不闻。郡国狗马蹴鞠剑客辐凑董氏⑥。常从游戏北宫，驰逐平乐，观鸡鞠之会，角狗马之足，上大欢乐之⑦。于是上为窦太主置酒宣室，使谒者引内董君⑧。

是时，朔陛戟殿下，辟戟而前曰⑨："董偃有斩罪三⑩，安得入乎？"上曰："何谓也？"朔曰："偃以人臣私侍公主，其罪一也。败男女之化，而乱婚姻之礼，伤王制，其罪二也。陛下富于春秋，方积思于《六经》，留神于王事，驰骛

---

①赞：介绍。②胞：通"庖"，厨师。昧死：冒死。③上：上殿。④见尊：被尊重。不名：没有称号。⑤请赐：拿出东西请皇上赏赐。杂缯：杂色的丝绸。⑥蹴鞠：古代一种用脚踢球的运动。辐凑：像车轮辐条一样从四面向轴心集中围拢。⑦平乐：观名，在未央宫北。鸡：斗鸡。鞠：蹴鞠。角：比赛。足：跑。⑧置酒：摆酒宴。内：通"纳"，引进。⑨陛戟：手持戟站在阶前。辟：放下。⑩斩罪三：三桩该斩的罪行。

yú táng yú　zhé jié yú sān dài　　yǎn bù zūn jīng quàn xué　fǎn yǐ mǐ lì wéi yòu　shē chǐ
于唐虞，折节于三代，僴不遵经劝学，反以靡丽为右，奢侈

wéi wù　jìn gǒu mǎ zhī lè　jí ěr mù zhī yù　xíng xié wǎng zhī dào　jìng yín pì zhī
为务，尽狗马之乐，极耳目之欲，行邪枉之道，径淫辟之

lù　shì nǎi guó jiā zhī dà zéi　rén zhǔ zhī dà yù　　yǎn wéi yín shǒu　qí zuì sān yě
路，是乃国家之大贼，人主之大蜮①。僴为淫首，其罪三也。

xī bó jī fán ér zhū hóu dàn　　nài hé hū bì xià　　shàng mò rán bù yìng　liáng jiǔ yuē
昔伯姬燔而诸侯惮②，奈何乎陛下？"上默然不应，良久曰：

wú yè yǐ　shè yǐn　hòu ér zì gǎi　　shuò yuē　bù kě　　fú xuān shì zhě　xiān dì
"吾业以③设饮，后而自改。"朔曰："不可。夫宣室者，先帝

zhī zhèng chù yě　fēi fǎ dù zhī zhèng bù dé rù yān　　gù yín luàn zhī jiàn　qí biàn wéi
之正处也，非法度之政不得入焉。故淫乱之渐，其变为

cuàn　shì yǐ shù diāo wéi yín ér yì yá zuò huàn　qìng fù sǐ ér lǔ guó quán　guǎn cài zhū
篡，是以竖貂为淫而易牙作患，庆父死而鲁国全，管蔡诛

ér zhōu shì ān　　shàng yuē　shàn　　yǒu zhào zhǐ　gēng　zhì jiǔ běi gōng　yǐn dǒng jūn
而周室安④。"上曰："善。"有诏止，更⑤置酒北宫，引董君

cóng dōng sī mǎ mén　　dōng sī mǎ mén gēng míng dōng jiāo mén　　cì shuò huáng jīn sān shí
从东司马门。东司马门更名东交门。赐朔黄金三十

jīn　　dǒng jūn zhī chǒng yóu shì rì shuāi　zhì nián sān shí ér zhōng　　hòu shù suì　dòu tài
斤。董君之宠由是日衰，至年三十而终⑥。后数岁，窦太

zhǔ zú　　yǔ dǒng jūn huì zàng yú bà líng　　shì hòu　gōng zhǔ guì rén duō yú lǐ zhì
主卒，与董君会葬于霸陵⑦。是后，公主贵人多逾礼制⑧，

---

①富于春秋：岁数还年轻。《六经》：《诗》、《书》、《礼》、《乐》、《易》、《春秋》。驰骛于唐虞：追随尧舜。折节于三代：折服于夏商周三代的圣君。遵经：遵循《六经》中的义理。右：崇尚。径：走。辟：通"僻"，邪恶。蜮：传说能使人生病的动物。②伯姬燔而诸侯惮：伯姬被烧死却受到诸侯们的敬重。伯姬，春秋时宋恭姬，宫中失火，她守礼等待保姆来才出门，终被烧死。惮，敬惮。③以：通"已"。④渐：开头。篡：篡位。竖貂为淫：竖貂自宫侍奉齐桓公。易牙：易牙善于烹饪，曾煮了自己的儿子献给齐桓公。庆父：春秋时鲁桓公的儿子，祸乱鲁国。管蔡：管叔、蔡叔，周武王的两个弟弟，他们与武庚一起发动叛乱，后被周公平定。⑤更：改换。⑥终：死。⑦霸陵：汉文帝陵。⑧多逾礼制：违背礼制。

zì dǒng yǎn shǐ
自董偃始。

shí tiān xià chǐ mí qū mò bǎi xìng duō lí nóng mǔ shàng cóng róng wèn shuò
时天下侈靡趋末，百姓多离农亩①。上从容②问朔：

wú yù huà mín qǐ yǒu dào hū shuò duì yuē yáo shùn yǔ tāng wén wǔ chéng kāng shàng
"吾欲化③民，岂有道乎？"朔对曰："尧舜禹汤文武成康上

gǔ zhī shì jīng lì shù qiān zǎi shàng nán yán yě chén bù gǎn chén yuàn jìn shù xiào wén
古之事，经历数千载，尚难言也，臣不敢陈④。愿近述孝文

huáng dì zhī shí dāng shì qí lǎo jiē wén jiàn zhī guì wéi tiān zǐ fù yǒu sì hǎi shēn
皇帝之时，当世耆⑤老皆闻见之。贵为天子，富有四海，身

yì yì tì zú lǚ gé xì yǐ wéi dài jiàn guān pú wéi xí bīng mù wú rèn yī yùn wú
衣弋绨，足履革舄，以韦带剑，莞蒲为席，兵木无刃，衣缊无

wén jí shàng shū náng yǐ wéi diàn wéi yǐ dào dé wéi lì yǐ rén yì wéi zhǔn yú
文，集上书囊以为殿帷⑥；以道德为丽⑦，以仁义为准。于

shì tiān xià wàng fēng chéng sú zhāo rán huà zhī jīn bì xià chéng zhōng wéi xiǎo tú qǐ
是天下望风成俗，昭然化之⑧。今陛下城中为小，图起

jiàn zhāng zuǒ fèng què yòu shén míng hào chēng qiān mén wàn hù mù tǔ yī qǐ xiù gǒu
建章，左凤阙，右神明，号称千门万户⑨；木土衣绮绣，狗

mǎ pī huì jì gōng rén zān dài mào chuí zhū jī shè xì chē jiāo chí zhú shì wén
马被缋罽⑩；宫人簪⑪玳瑁，垂珠玑；设戏车，教驰逐，饰文

cǎi cóng zhēn guài zhuàng wàn shí zhī zhōng jī léi tíng zhī gǔ zuò pái yōu wǔ zhèng
采，丛珍怪⑫；撞万石之钟，击雷霆之鼓，作俳优，舞郑

---

①侈靡：奢侈浪费。末：工商业。农亩：指农业。 ②从容：不慌不忙，舒缓安闲。 ③化：教化。 ④陈：陈说。
⑤耆：古代人活六十岁叫做耆。 ⑥衣：穿着。弋：黑色。绨：厚帛。革舄：生皮做的鞋。以韦带剑：以熟皮带子挂着剑。
莞蒲：水草。兵木无刃：兵器像木头一样没有锋刃。衣缊：旧棉絮做里子。无文：没有文彩。集上书囊以为殿帷：收集用
过的装奏章的轻皮囊缝制成宫里的帷帐。集，收集。上书囊，汉代青皮囊装奏章。 ⑦丽：美丽。 ⑧风：风范。昭然：
鲜明。 ⑨城中为小：嫌弃长安城小。图起：计划修建。建章：建章宫。凤阙：建章宫内的阙。神明：建章宫内的台。
⑩衣：裹着。被：披着。缋罽：五彩的毛毯。 ⑪簪：戴着。 ⑫戏车：一种车技。驰逐：驰骋打猎。丛：搜集。

女^①。上为淫侈如此，而欲使民独不奢侈失农^②，事之难者也。陛下诚能用臣朔之计，推甲乙之帐燔之于四通之衢，却走马示不复用，则尧舜之隆宜可与比治矣^③。《易》曰：'正其本，万事理；失之豪氂，差以千里^④。'愿陛下留意察之。"

朔虽诙笑^⑤，然时观察颜色，直言切谏，上常用之。自公卿在位，朔皆敖弄，无所为屈^⑥。

……

---

①万石之钟：重达万石的大钟。俳优：表演杂耍的艺人。 ②失农：弃农经商。 ③推：除去。甲乙之帐：汉武帝命人建造的用琉璃珠、夜光珠等宝物装饰的帐幕。燔：烧。衢：十字路口。却：放弃。走马：赛跑的马。隆宜：盛大。 ④豪：通"毫"。氂：通"厘"，计量单位。 ⑤诙笑：诙谐调笑。 ⑥在位：在位的大臣。敖弄：轻视戏弄。敖，通"傲"。

霍光传(节选)

霍光字子孟，票骑将军去病①弟也。父中孺，河东平阳人也，以县吏给事平阳侯家，与侍者卫少儿私通而生去病②。中孺吏毕归家，娶妇生光，因绝不相闻③。久之，少儿女弟④子夫得幸于武帝，立为皇后，去病以皇后姊子贵幸。既壮⑤大，乃自知父为霍中孺，未及求问。会为票骑将军击匈奴，道出河东，河东太守郊迎，负弩矢先驱，至平阳传舍，遣吏迎霍中孺⑥。中孺趋入⑦拜谒，将军迎拜，因跪曰："去病不早自知为大人遗体⑧也。"中孺扶服⑨叩头，曰："老臣得托命将军，此天力也⑩。"去病大⑪为

①去病：霍去病。②河东：郡名，在今山西夏县西北。平阳：县名，在今山西临汾西南。给事：当差。平阳侯：平阳侯曹参的曾孙曹时。卫少儿：卫青姐姐。③吏毕不相闻：与卫少儿断绝往来。④女弟：妹妹。⑤壮：长大成人。⑥先驱：引路。传舍：驿站客房。⑦趋入：快步走进来。⑧遗体：亲骨肉。⑨扶服：同"匍匐"。⑩托命：托付命运。天力：老天的力量。⑪大：大量地。

中孺买田宅奴婢而去。还，复过焉，乃将光西至长安，时年十余岁，任光为郎，稍迁诸曹侍中①。去病死后，光为奉车都尉光禄大夫，出则奉车，入侍左右，出入禁闼二十余年，小心谨慎，未尝有过，甚见亲信②。

征和二年，卫太子为江充所败，而燕王旦、广陵王胥皆多过失③。是时上年老，宠姬钩弋赵婕伃有男，上心欲以为嗣，命大臣辅之④。察群臣唯光任大重，可属社稷⑤。上乃使黄门画者画周公负成王朝诸侯以赐光⑥。后元二年春，上游五柞宫，病笃，光涕泣问曰⑦："如有不讳⑧，谁当嗣者？"上曰："君未谕⑨前画意邪？立少子，君行周公之事⑩。"光顿首让曰："臣不如金日磾⑪。"日

①还：打完匈奴回来。过：探望。将：带。任：保举。郎：官名。稍迁：逐渐升职。诸曹：在内廷做秘书工作。侍中：列侯以下至郎中的加官，侍卫皇帝。 ②奉车都尉：掌管皇帝乘舆的官。光禄大夫：负责论议的官。出：皇帝出行。禁闼：宫门。亲信：亲近信任。 ③征和二年：公元前91年。卫太子：武帝儿子刘据。江充：武帝臣下，曾陷害卫太子。燕王旦：武帝第三子。广陵王胥：武帝第四子。 ④钩弋：宫名，在长安城南。赵婕伃：汉昭帝的生母，住在钩弋宫。婕伃，女官名。男：儿子。嗣：继承人。 ⑤任大重：可担当大事。属：通"嘱"，托付。社稷：国家的代称。 ⑥黄门画者：宫中画工。周公负成王朝诸侯：周公抱周成王接受诸侯朝见。周武王去世，成王年幼即位，成王的叔叔周公忠心辅佐。 ⑦后元二年：公元前87年。五柞宫：在今陕西周至东南。病笃：病重。 ⑧不讳：无法忌讳之事，指武帝死。 ⑨谕：理解。 ⑩行周公之事：代小皇帝摄政。 ⑪顿首：磕头。金日磾：本是匈奴人，归汉后受到武帝重用。

碑亦曰："臣外国人，不如光。"上以光为大司马大将军，

日碑为车骑将军，及太仆上官桀为左将军，搜粟都尉桑

弘羊为御史大夫，皆拜卧内床下，受遗诏辅少主①。明

日，武帝崩，太子袭尊号，是为孝昭皇帝②。帝年八岁，政

事一③决于光。

……

光为人沉静详审，长财七尺三寸，白皙，疏眉目，美

须髯④。每出入下殿门，止进有常处，郎仆射窃识视之，不

失尺寸，其资性端正如此⑤。初辅幼主，政自己出，天下

想闻其风采。殿中常有怪，一夜群臣相惊，光召尚

符玺郎，郎不肯授光⑥。光欲夺之，郎按剑曰："臣头可

得，玺不可得也！"光甚谊⑦之。明日，诏增此郎秩二等⑧。

---

①大司马大将军：大将军为汉代最高军衔，大司马是加衔。车骑将军：仅次于大将军、骠骑将军的军衔。太仆：也是负责皇帝的乘舆的官。左将军：次于车骑将军的军衔。搜粟都尉：负责军粮的官。卧内：卧室。②明日：第二天。袭尊号：继承帝位。③一：一概。④沉静详审：沉着谨慎。财：通"才"，仅仅。疏眉目：眉清目秀。⑤常处：固定的位置。郎仆射：郎官之首。识：记住。资性：天性。⑥想闻：仰慕。怪：鬼怪。尚符玺郎：掌管皇帝玺印的官。⑦谊：认可。⑧增：提升。秩：俸禄。二等：两级。

霍光传

zhòng shù mò bù duō guāng

众 庶 莫 不 多 光①。

guāng yǔ zuǒ jiāng jūn jié jié hūn xiāng qīn guāng zhǎng nǚ wéi jié zǐ ān qī

光 与 左 将 军 桀 结 婚 相 亲，光 长 女 为 桀 子 安 妻②。

yǒu nǚ nián yǔ dì xiāng pèi jié yīn dì zǐ è yì gě zhǔ nà ān nǚ hòu gōng wéi jié yú

有 女 年 与 帝 相 配，桀 因 帝 姊 鄂 邑 盖 主 内 安 女 后 宫 为 婕 仔，

shù yuè lì wéi huáng hòu fù ān wéi piào jì jiāng jūn fēng sāng lè hóu guāng shí xiū

数 月 立 为 皇 后③。父 安④ 为 票 骑 将 军，封 桑 乐 侯。 光 时 休

mù chū jié zhé rù dài guāng jué shì jié fù zǐ jì zūn shèng ér dé zhǎng gōng

沐 出，桀 辄 入 代 光 决 事⑤。桀 父 子 既 尊 盛，而 德 长 公

zhǔ gōng zhǔ nèi xíng bù xiū jìn xìng hé jiān dīng wài rén jié ān yù wèi wài rén

主⑥。公 主 内 行 不 修，近 幸 河 间 丁 外 人⑦。桀、安 欲 为 外 人

qiú fēng xìng yī guó jiā gù shì yǐ liè hóu shàng gōng zhǔ zhě guāng bù xǔ yòu wèi wài

求 封，幸 依 国 家 故 事 以 列 侯 尚 公 主 者，光 不 许⑧。 又 为 外

rén qiú guāng lù dà fū yù lìng dé zhào jiàn yòu bù xǔ zhǎng zhǔ dà yǐ shì yuàn

人 求 光 禄 大 夫，欲 令 得 召 见⑨，又 不 许。 长 主⑩ 大 以 是 怨

guāng ér jié ān shuò wèi wài rén qiú guān jué fú néng dé yì cán zì xiān dì shí

光 。 而 桀、安 数 为 外 人 求 官 爵 弗 能 得，亦 惭。 自 先 帝 时，

jié yǐ wéi jiǔ qīng wèi zài guāng yòu nǎi fù zǐ bìng wéi jiāng jūn yǒu jiāo fáng zhōng

桀 已 为 九 卿，位 在 光 右⑪。乃 父 子 并 为 将 军，有 椒 房 中

gōng zhī zhòng huáng hòu qīn ān nǚ guāng nǎi qí wài zǔ ér gù zhuān zhì cháo shì yóu

宫 之 重，皇 后 亲 安 女，光 乃 其 外 祖，而 顾 专 制 朝 事，繇

---

①众庶：老百姓。多：称美。 ②桀：上官桀。亲：亲密。 ③因：通过。鄂邑盖主：武帝的长女，封为鄂邑长公主，因嫁给盖侯为妻，故又称盖主。内：通"纳"。 ④父安：皇后的父亲上官安。 ⑤休沐：沐浴休息的休假。出：出宫。入：入宫。 ⑥德：感恩。长公主：鄂邑长公主。 ⑦内行不修：私生活不检点。近幸：亲近宠幸。河间：郡名，在今河北南县东南。 ⑧求封：请求封爵。幸：希望。故事：旧例。汉时娶公主为妻的都可封候。 ⑨得召见：有被皇上召见的机会。 ⑩长主：长公主。 ⑪位在光右：官位在霍光之上。

汉书诵读本

shì yǔ guāng zhēng quán
是与光争权①。

　　yān wáng dàn zì　yǐ zhāo dì xiōng　cháng huái yuàn wàng　　jí yù shǐ dà fū sāng
　　燕王旦自以昭帝兄，常怀怨望②。及御史大夫桑

hóng yáng jiàn zào jiǔ què yán tiě　wèi guó xīng lì　fá qí gōng　yù wèi zǐ dì dé guān
弘羊建造酒榷盐铁，为国兴利，伐其功，欲为子弟得官，

yì yuàn hèn guāng　　yú shì gě zhǔ　shàng guān jié　ān jí hóng yáng jiē yǔ yān wáng dàn
亦怨恨光③。于是盖主、上官桀、安及弘羊皆与燕王旦

tōng móu　zhà lìng rén wèi yān wáng shàng shū　yán　guāng chū dū yì láng yǔ lín　dào shàng
通谋，诈令人为燕王上书④，言"光出都肄郎羽林，道上

chēng bì　tài guān xiān zhì　　yòu yǐn sū wǔ qián shǐ xiōng nú　jū liú èr shí nián bù
称跸，太官先置⑤。又引苏武前使匈奴，拘留二十年不

xiáng　huán nǎi wéi diǎn shǔ guó　ér dà jiāng jūn zhǎng shǐ chǎng wú gōng wéi sōu sù dū wèi
降，还乃为典属国，而大将军长史敞亡功为搜粟都尉⑥。

yòu shàn diào yì mù fǔ jiào wèi　　guāng zhuān quán zì zì　yí yǒu fēi cháng　　chén dàn
又擅调益莫府校尉⑦。光专权自恣，疑有非常⑧。臣旦

yuàn guī fú xǐ　rù sù wèi　chá jiān chén biàn　　hóu sì　guāng chū mù rì zòu zhī　jié
愿归符玺，入宿卫，察奸臣变⑨。"候司⑩光出沐日奏之。桀

yù cóng zhōng xià qí shì　sāng hóng yáng dāng yǔ zhū dà chéng gòng zhí tuì guāng　　shū zòu
欲从中下其事，桑弘羊当与诸大臣共执退光⑪。书奏，

dì bù kěn xià
帝不肯下⑫。

----

①椒房中宫：汉代未央宫中有椒房殿，这里用来代称皇后。重：贵重。亲安女：上官安的亲女儿。顾：却。繇是：因此。繇，通"由"。②自以昭帝兄：认为是自己昭帝的哥哥，本该立为皇帝。怨望：怨恨。③建造：创立。酒榷：酒专卖。盐铁：官营盐铁。伐：夸耀。④通谋：串通谋划。诈令人为燕王上书：派人冒充燕王的使臣向皇上上书。⑤都：集合。肄：操练。羽林：皇帝的近卫军。称跸：传令戒严。太官：负责皇帝饮食的官。先置：先准备饮食。⑥引：提起。典属国：负责少数民族事务的官。长史：幕僚一类的官员。敞：杨敞，霍光的亲信。亡：通"无"。搜粟都尉：大司农。⑦莫府：指大将军府。莫，通"幕"。益：增加。校尉：次于将军的军官。⑧恣：放纵。非常：图谋不轨的事。⑨归符玺：归还燕符玺，辞去燕王王位。入：加入。⑩候司：等到。司，通"伺"。⑪中：指中朝。下其事：将此事交给有关部门处理。下，交给。执退光：迫使霍光退位。⑫下：把奏疏交下去。

明旦,光闻之,止画室中不入①。上问"大将军安在?"左将军桀对曰:"以燕王告其罪,故不敢入。"有诏召大将军。光入,免冠顿首谢②,上曰:"将军冠③。朕知是书诈也,将军亡罪。"光曰:"陛下何以知之?"上曰:"将军之广明,都郎属耳④。调校尉以来未能十日,燕王何以得知之⑤?且将军为非,不须校尉。"是时帝年十四,尚书左右皆惊,而上书者果亡,捕之甚急⑥。桀等惧,白上小事不足遂,上不听⑦。

后桀党与有谮光者⑧,上辄怒曰:"大将军忠臣,先帝所属以辅朕身,敢有毁者坐之⑨。"自是桀等不敢复言,乃谋令长公主置酒请光,伏兵格杀之,因废帝,迎立燕王为天子⑩。事发觉,光尽诛桀、安、弘羊、外人⑪宗族。燕

---

①明日:第二天。画室:殿前画有古帝王像的房子。②免冠:脱去帽子。谢:请罪。③冠:戴上帽子。④之:去。广明:驿亭名,长安城东东都门外。都郎属:考核下属郎吏。都,考核。⑤调校尉:选拔校尉,即前面所说的"擅调益莫府校尉"。未能十日:不到十天。⑥尚书:掌文书的官。亡:逃跑。⑦白上:禀告皇上。遂:深究。⑧党与:同党。谮:诬陷。⑨属:通"嘱"。坐:治罪。⑩伏兵:埋伏士兵。因:然后。⑪外人:丁外人。

wáng gě zhǔ jiē zì shā　　guāng wēi zhèn hǎi nèi　　zhāo dì jì guàn　suì wěi rèn guāng
王、盖主皆自杀。光威震海内。昭帝既冠，遂委任光，

qì shí sān nián　　　bǎi xìng chōng shí　sì yí bīn fú
讫十三年①。百姓充实，四夷宾服②。

yuán píng yuán nián zhāo dì bēng　wú sì　　　wǔ dì liù nán dú yǒu guǎng líng wáng
元平元年，昭帝崩，亡嗣③。武帝六男独有广陵王

xū zài　qún chén yì suǒ lì　xián chí guǎng líng wáng　　wáng běn yǐ xíng　shī dào　xiān dì
胥在，群臣议所立，咸持广陵王④。王本以行⑤失道，先帝

suǒ bù yòng　guāng nèi　bù zì ān　láng yǒu shàng shū yán　zhōu tài wáng fèi tài bó lì
所不用。光内⑥不自安。郎有上书言"周太王废太伯立

wáng jì　wén wáng shě bó yì kǎo lì wǔ wáng　wéi zài suǒ yí　suī fèi zhǎng lì shào kě
王季，文王舍伯邑考立武王，唯在所宜，虽废长立少可

yě　　　guǎng líng wáng bù kě yǐ chéng zōng miào　yán hé guāng yì　guāng yǐ qí shū
也⑦。广陵王不可以承宗庙⑧。"言合光意。光以其书

shì chéng xiàng chǎng děng　zhuó láng wéi jiǔ jiāng tài shǒu　jí rì chéng huáng tài hòu zhào qiǎn
视丞相敞等，擢郎为九江太守，即日承皇太后诏，遣

xíng dà hóng lú shì shào fū yuè chéng　zōng zhèng dé　guāng lù dà fū jí　zhōng láng jiàng lì
行大鸿胪事少府乐成、宗正德、光禄大夫吉、中郎将利

hàn yíng chāng yì wáng hè
汉迎昌邑王贺⑨。

hè zhě　wǔ dì sūn　chāng yì āi wáng zǐ yě　　jì zhì　jí wèi　xíng yín luàn
贺者，武帝孙，昌邑哀王⑩子也。既至，即位，行淫乱。

---

①冠：古时男子二十岁结发加冠的成人礼。讫：到……为止。②宾服：臣服。③元平元年：公元前74年。亡：通"无"。
④六男：六个儿子。咸持：都提议。⑤行：品行。⑥内：心里。⑦废太伯立王季：周太王废长子太伯，立小儿子王季。
舍伯邑考立武王：周文王舍长子伯邑考，立次子武王。宜：适宜。⑧承宗庙：继承皇位。⑨视：同"示"，拿给……看。
擢：提拔。九江：郡名，今安徽寿县。皇太后：汉昭帝皇后，昌邑王即位后尊为皇太后。行大鸿胪：代理大鸿胪职务。
行，代理。大鸿胪，负责接待宾客的官员。乐成：史姓官员。以下德、吉、利汉均为人名。宗正：负责宗室事务的官员。
昌邑王贺：刘贺。⑩昌邑哀王：刘髆，武帝第五个儿子。

光忧懑，独以问所亲故吏大司农田延年①。延年曰："将军为国柱石，审此人不可，何不建白太后，更选贤而立之②？"光曰："今欲如是，于古尝有此否③？"延年曰："伊尹相殷，废太甲以安宗庙，后世称其忠④。将军若能行此，亦汉之伊尹也。"光乃引延年给事中，阴与车骑将军张安世图计，遂召丞相、御史、将军、列侯、中二千石、大夫、博士会议未央宫⑤。光曰："昌邑王行昏乱，恐危社稷，如何？"群臣皆惊鄂失色，莫敢发言，但唯唯而已⑥。田延年前，离席按剑，曰："先帝属将军以幼孤，寄将军以天下，以将军忠贤能安刘氏也⑦。今群下鼎沸，社稷将倾，且汉之传谥常为孝者，以长有天下，令宗庙血食也⑧。

---

①懑：愤闷。亲：亲近。故吏：老部下。 ②审：察觉。建白：建议。更选：改选。 ③于古尝有此否：古代曾有过这样的先例吗。 ④相：做丞相辅佐。废太甲：放逐商汤的孙子太甲。 ⑤引：举荐。给事中：在朝中顾问应对的官员，是一种加衔。阴：暗中。图计：策划商议。中二千石：月俸一百八。博士：太常的属官，备顾问。会议：共同商议。未央宫：在今陕西西安长安城内。 ⑥鄂：通"愕"，吃惊。唯唯："是"的答应声。 ⑦寄：寄托。安刘氏：安定刘姓的江山。 ⑧社稷将倾：国家要倾覆。汉之传谥常为孝者：汉代皇帝的谥号常称"孝"。血食：祭祀要杀牲取血供奉，所以叫"血食"。

rú jīn hàn jiā jué sì，jiāng jūn suī sǐ，hé miàn mù jiàn xiān dì yú dì xià hū？ jīn

如今汉家绝祀①，将军虽死，何面目见先帝于地下乎？今

rì zhī yì，bù dé xuán zhǒng。qún chén hòu yìng zhě，chén qǐng jiàn zhǎn zhī。 guāng xiè

日之议，不得旋踵②。群臣后应者，臣请剑斩之。"光谢

yuē："jiǔ qīng zé guāng shì yě。tiān xià xiōng xiōng bù ān，guāng dāng shòu nàn。" yú

曰："九卿责③光是也。天下匈匈不安，光当受难④。"于

shì yì zhě jiē kòu tóu，yuē："wàn xìng zhī mìng zài yú jiāng jūn，wéi dà jiāng jūn lìng。"

是议者皆叩头，曰："万姓之命在于将军，唯大将军令⑤。"

　　guāng jí yǔ qún chén jù jiàn bái tài hòu，jù chén chāng yì wáng bù kě yǐ chéng zōng

　　光即与群臣俱见白太后，具陈昌邑王不可以承宗

miào zhuàng。 huáng tài hòu nǎi chē jià xìng wèi yāng chéng míng diàn，zhào zhū jìn mén wú nà

庙状⑥。 皇太后乃车驾幸未央承明殿，诏诸禁门毋内

chāng yì qún chén⑦。 wáng rù cháo tài hòu huán，chéng niǎn yù guī wēn shì，zhōng huáng mén

昌邑群臣⑦。 王入朝太后还，乘辇欲归温室，中黄门

huàn zhě gè chí mén shàn，wáng rù，mén bì，chāng yì qún chén bù dé rù。 wáng yuē：

宦者各持门扇，王入，门闭，昌邑群臣不得入⑧。 王曰：

"hé wèi？" dà jiāng jūn guì yuē："yǒu huáng tài hòu zhào，wú nà chāng yì qún chén。"

"何为？"⑨大将军跪曰："有皇太后诏，毋内昌邑群臣。"

wáng yuē："xú zhī，hé nǎi jīng rén rú shì！" guāng shǐ jìn qū chū chāng yì qún chén，zhì

王曰："徐之，何乃惊人如是⑩！"光使尽驱出昌邑群臣，置

jīn mǎ mén wài。 chē jì jiàng jūn ān shì jiàng yǔ lín qí shōu fù èr bǎi yú rén，jiē sòng

金马门⑪外。车骑将军安世将羽林骑收缚二百余人，皆送

①绝祀：断绝祭祀，意思是亡国。 ②不得旋踵：不能退缩。旋，回转。踵，脚跟。 ③责：责备。 ④匈匈：同"汹汹"，骚扰不安的样子。当受难：应当受到大家的责难。 ⑤万姓：百姓。唯大将军令：唯大将军的命令是听。 ⑥见：拜见。白：禀告。具：详细。状：情况。 ⑦幸：来到。承明殿：在未央宫中。禁门：宫门。内：通"纳"，放进。 ⑧温室：未央宫的温室殿。中黄门宦者：后宫当差的宦官。 ⑨何为：干什么？ ⑩徐之：慢慢来。如是：如此。 ⑪金马门：未央宫正门，因其门外有铜马，所以叫金马门。

汉书诵读本

廷尉诏狱①。令故昭帝侍中中臣侍守王②。光敕③左右："谨宿卫，卒有物故自裁，令我负天下，有杀主名④。"王尚未自知当废，谓左右："我故群臣从官安得罪，而大将军尽系之乎⑤。"顷之⑥，有太后诏召王。王闻召，意恐⑦，乃曰："我安得罪而召我哉！"太后被珠襦，盛服坐武帐中，侍御数百人皆持兵，期门武士陛戟，陈列殿下⑧。群臣以次⑨上殿，召昌邑王伏前听诏。光与群臣连名奏王，尚书令读奏曰：

……臣敞等顿首死罪。天子所以永保宗庙总一海内者，以慈孝礼谊赏罚为本⑩。孝昭皇帝早弃天下，亡嗣，臣敞等议，礼曰"为人后者为之子也"，昌邑王宜嗣后，遣宗正、大鸿胪、光禄大夫奉节使征昌邑王典丧，

①将羽林骑：带领羽林骑兵。收缚：逮捕。廷尉：最高司法长官。诏狱：专门处治皇帝特旨案犯的地方。 ②故昭帝：从前昭帝的中臣侍中。侍守：侍卫看守。 ③敕：告诫。 ④谨：小心。卒：通"猝"，突然。物故：死亡。自裁：自杀。负：对不起。有杀主名：背上杀害皇上的罪名。 ⑤故：原来的。安得罪：犯了什么罪。系：拘押。 ⑥顷之：过了一会儿。 ⑦意恐：心里害怕。 ⑧襦：短袄。盛服：盛装。武帐：有兵器和卫士的帷帐。兵：武器。期门武士：皇帝的侍卫武士。陛戟：手持戟在台阶下护卫。 ⑨以次：按官阶大小次序。 ⑩总一：统一。海内：天下。谊：通"义"。

服斩缞^{fú zhǎn cuī}，亡悲哀之心，废礼谊，居道上不素食，使从官略女

子载衣车，内所居传舍①。始至谒见，立为皇太子，常私

买鸡豚以食②。受皇帝信玺、行玺大行前，就次发玺不

封③。从官更持节，引内昌邑从官驺宰官奴二百余人，

常与居禁闼内敖戏④。自之符玺⑤取节十六，朝暮临，令从

官更持节从。为书曰："皇帝问侍中君卿⑥：使中御府令

高昌奉黄金千斤，赐君卿取十妻⑦。"大行在前殿，发乐府

乐器，引内昌邑乐人，击鼓歌吹作俳倡⑧。会下还，上前

殿，击钟磬，召内太一宗庙乐人辇道牟首，鼓吹歌舞，悉

奏众乐⑨。发长安厨三太牢具祠阁室中，祀已，与从官

①早弃天下：去世得太早。亡：通"无"。为人后者为人子也：给人做继承人的给人做儿子，意思是汉昭帝没有儿子，可以从侄子当中选一个过继给他来继承帝位。宜嗣后：可以让昌邑王作为汉昭帝的后嗣。奉节：持节仗。征：召。典丧：主持汉昭帝的丧礼。斩缞：粗麻布做的孝服。谊：通"义"。居道上：来京途中。略：通"掠"，抢夺。衣车：贵族妇女所乘的车。内：通"纳"。②始至谒见：从来京拜见皇太后开始。豚：猪。③受：接受。信玺、行玺：皇帝的印。大行：刚死的汉昭帝。次：居丧的地方。发玺不封：打开玺匣不封起来。④从官：随从官员。驺宰：掌管马厩的官员。官奴：官府的奴隶。⑤符玺：符节台。⑥君卿：人名。⑦中御府令：负责宫中衣服财宝的官员。取：通"娶"。⑧乐府：音乐机构。作俳倡：表演戏剧杂耍。⑨会下还：昭帝灵柩下葬后回宫。召内：召人。太一：即太一神。辇：帝王车驾经过之道。牟首：地名，在上林苑中。

饮啖^①。驾法驾，皮轩鸾旗，驱驰北宫、桂宫，弄彘斗虎^②。

召皇太后御小马车，使宫奴骑乘，游戏掖庭中^③。与孝

昭皇帝宫人蒙等淫乱，诏掖庭令敢泄言要斩^④。

太后曰："止^⑤！为人臣子当悖乱如是邪！"王离席

伏^⑥。尚书令复读曰：

取诸侯王、列侯、二千石绶及墨绶、黄绶以并佩昌

邑郎官者免奴^⑦。变易节上黄旄以赤^⑧。发御府金钱刀

剑玉器采缯，赏赐所与游戏者^⑨。与从官官奴夜饮，湛

沔^⑩于酒。诏太官上乘舆食^⑪如故。食监奏未释服未可

御故食，复诏太官趣具，无关食监^⑫。太官不敢具，即使从

官出买鸡豚，诏殿门内，以为常^⑬。独夜设九宾温室，延

---

①长安厨：京兆尹属下的官署。太牢：祭祀时，牛、羊、猪三牲齐备叫做"太牢"。阁室：阁道中的屋子。啖：吃。
②法驾：皇帝祭祀天地社稷等大典时才使用的乘舆仪仗。皮轩：以虎皮为屏障的乘车。鸾旗：以羽毛为饰的旌旗。北宫、桂宫：在未央宫。彘：野猪。③小马车：太后乘坐的小马拉的车。掖庭：后宫。④掖庭令：负责后宫事务的官。泄言：说出去。要：通"腰"。⑤止：停下。⑥伏：拜伏于地。⑦绶：系印的丝带。免奴：赦免奴隶。⑧变易：改变。旄：旄牛尾作的装饰品。⑨发：征发。采缯：彩色丝织品。⑩湛沔：通"沈湎"。⑪乘舆食：皇帝的饭食。⑫食监：监管皇帝饮食的官员。未释服：未脱丧服。故食：平常的饮食。趣具：催促办理。趣，通"促"。关：通知。⑬使：派遣。殿门：指守卫殿门者。内：通"纳"，放进来。

见姊夫昌邑关内侯^①。祖宗庙祠未举，为玺书使使者持
节，以三太牢祠昌邑哀王园庙，称嗣子皇帝^②。受玺以
来二十七日，使者旁午^③，持节诏诸官署征发，凡千一百二
十七事。文学光禄大夫夏侯胜等及侍中傅嘉数进谏以
过失，使人簿责胜，缚嘉系狱^④。荒淫迷惑，失帝王礼谊，
乱汉制度。臣敞等数进谏，不变更，日以益甚，恐危社
稷，天下不安。

　　臣敞等谨与博士臣霸、臣隽舍、臣德、臣虞舍、臣射、
臣仓议，皆曰："高皇帝建功业为汉太祖，孝文皇帝慈仁
节俭为太宗，今陛下嗣孝昭皇帝后，行淫辟^⑤不轨。《诗》
云：'籍曰未知，亦既抱子^⑥。'五辟之属，莫大不孝^⑦。周襄
王不能事母，《春秋》曰'天王出居于郑'，繇不孝出之，绝

霍光传

汉书诵读本

----

①九傧：九位礼官依次传引贵宾上殿的礼节。傧，通"傧"。昌邑关内侯：昌邑王所封的关内侯。　②举：举行。昌
邑哀王：刘贺的父亲刘髆。称嗣子皇帝：刘贺继承了昭帝皇位，就已经断绝了同刘髆的父子关系，不能再称嗣子。
③旁午：来往不断。　④簿责：根据文书规定责备。缚：捆绑。　⑤辟：通"僻"，邪僻。　⑥籍曰未知，亦既抱子：假如说
你不懂礼，你已经抱上儿子了，意思说已经成年了，本该知书达礼。籍，通"藉"，假使。　⑦五辟：五刑，泛指刑法。大：
大过。

87

之于天下也①。宗庙重于君，陛下未见命高庙，不可以承天序，奉祖宗庙，子万姓，当废②。"臣请有司御史大夫臣谊、宗正臣德、太常臣昌与太祝以一太牢具，告祠高庙③。臣敞等昧死以闻④。

皇太后诏曰："可⑤。"光令王起拜受诏，王曰："闻天子有争臣七人，虽无道不失天下⑥。"光曰："皇太后诏废，安得天子！"乃即持其手，解脱其玺组，奉上太后，扶王下殿，出金马门，群臣随送⑦。王西面拜，曰："愚戆不任汉事⑧。"起就乘舆副车⑨。大将军光送至昌邑邸，光谢曰⑩："王行自绝于天，臣等驽怯，不能杀身报德⑪。臣宁负⑫王，不敢负社稷。愿王自爱，臣长不复见左右。"

---

①事：孝敬。天王出居于郑：天王出居到郑国。繇不孝出之：因为不孝被赶出京城。繇，通"由"。绝之于天下：被天下人抛弃。②见命：受命。天序：天命。子万姓：统治百姓。③太祝：主管祭祀的官。一太牢具：一副太牢的供品。告：禀告。祠：祭祀。④昧死以闻：冒死禀告。⑤可：准奏。⑥争臣：直言敢谏的大臣。争，通"诤"。不失天下：不会废除帝位。⑦即：上前。持：抓住。玺组：玉玺的带子。⑧戆：迂愚而刚直。任：担当得起。汉事：汉朝大事。⑨乘舆副车：皇帝出行时的侍从车。⑩昌邑邸：昌邑王在京的住处。谢：谢罪。⑪行：行为。驽怯：低能怯懦。杀身报德：以死来报答您。⑫负：辜负。

88

光涕泣而去。群臣奏言："古者废放之人屏于远方，不及
以政，请徙王贺汉中房陵县①。"太后诏归贺昌邑，赐汤
沐邑二千户②。昌邑群臣坐亡辅导之谊，陷王于恶，光
悉诛杀二百余人③。出死④，号呼市中曰："当断不断，反
受其乱。"

光坐庭中，会丞相以下议定所立⑤。广陵王已前
不用，及燕刺王反诛⑥，其子不在议中。近亲唯有卫太子
孙号皇曾孙在民间，咸称述焉。光遂复与丞相敞等
上奏曰："《礼》曰：'人道亲亲故尊祖，尊祖故敬宗⑦。'大宗
亡嗣，择支子孙贤者为嗣⑧。孝武皇帝曾孙病已，武帝时
有诏掖庭养视，至今年十八，师受《诗》、《论语》、《孝经》，
躬行节俭，慈仁爱人，可以嗣孝昭皇帝后，奉承祖宗庙，

①废放：废弃放逐。屏：放逐。不及以政：不能参与政事。汉中房陵县：今湖北房县。②归：回到。汤沐邑：皇帝所赐京城附近的封邑。③坐：犯……罪。亡：通"无"。谊：通"义"，职责。④出死：从监狱押赴刑场。⑤会：召集。立：立皇位。⑥反诛：谋反被诛灭。⑦亲亲：爱自己的亲族。宗：世族的大宗。⑧大宗：封建世族制度中以嫡子一支为"大宗"。择：选择。支子孙：同族中近支子孙。

子万姓①。臣昧死以闻。"皇太后诏曰:"可。"光遣宗正

刘德至曾孙家尚冠里,洗沐赐御衣,太仆以轮猎车迎曾孙

就斋宗正府,入未央宫见皇太后,封为阳武侯②。已而

光奉上皇帝玺绶,谒于高庙,是为孝宣皇帝。明年,

下诏曰:"夫褒有德,赏元功,古今通谊也③。大司马大将

军光宿卫忠正,宣德明恩,守节秉谊,以安宗庙④。其

以河北、东武阳益封光万七千户⑤。"与故⑥所食凡二万

户。赏赐前后黄金七千斤,钱六千万,杂缯三万匹,奴婢

百七十人,马二千匹,甲第一区⑦。

自昭帝时,光子禹及兄孙云皆中郎将,云弟山奉

车都尉侍中,领胡越兵⑧。光两女婿为东西宫卫尉,昆

---

①掖庭:官署名。师受:从师学习。嗣:继承。②尚冠里:里巷名,在长安南城。轮猎车:射猎时使用的轻便小车。就斋:斋戒。封为阳武侯:汉制规定平民不能做皇帝,所以先封刘询为侯。③褒:褒奖。元功:首功。谊:通"义",道理。④忠:忠诚。正:正直。宣德明恩:宣扬表明皇恩皇德。秉:坚持。⑤河北:县名,在今山西芮城北。东武阳:县名,今山东莘县南。⑥故:原来。⑦杂缯:杂色的丝绸。甲第:上等住宅。一区:一所。⑧云:霍去病的孙子霍云。山:霍山。胡越兵:胡人和越人组成的部队。

dì zhū xù wài sūn jiē fèng cháo qǐng wéi zhū cáo dà fū qí dū wèi jǐ shì zhōng
弟诸婿外孙皆奉朝请，为诸曹大夫，骑都尉，给事中①。

dǎng qīn lián tǐ gēn jù yú cháo tíng guāng zì hòu yuán bǐng chí wàn jī jí shàng jí
党亲连体，根据于朝廷②。光自后元秉持万机，及上即

wèi nǎi guī zhèng shàng qiān ràng bù shòu zhū shì jiē xiān guān bái guāng rán hòu zòu
位，乃归政③。上谦让不受，诸事皆先关白④光，然后奏

yù tiān zǐ guāng měi cháo jiàn shàng xū jǐ liǎn róng lǐ xià zhī yǐ shèn
御天子。光每朝见，上虚己敛容，礼下之已甚⑤。

guāng bǐng zhèng qián hòu èr shí nián dì jié èr nián chūn bìng dǔ chē jià zì lìn wèn
光秉政前后二十年，地节二年春病笃，车驾自临问

guāng bìng shàng wèi zhī tì qì guāng shàng shū xiè ēn yuē yuàn fēn guó yì sān qiān
光病，上为之涕泣⑥。光上书谢恩曰："愿分国邑三千

hù yǐ fēng xiōng sūn fèng chē dū wèi shān wéi liè hóu fèng xiōng piào jì jiāng jūn qù bìng
户，以封兄孙奉车都尉山为列侯，奉兄票骑将军去病

sì shì xià chéng xiàng yù shǐ jí rì bài guāng zǐ yǔ wéi yòu jiāng jūn
祀⑦。"事下⑧丞相御史，即日拜光子禹为右将军。

guāng hōng shàng jí huáng tài hòu qīn lìn guāng sāng tài zhōng dà fū rén xuān yǔ
光薨，上及皇太后亲临光丧。太中大夫任宣与

yù shǐ wǔ rén chí jié hù sāng shì zhōng èr qiān shí zhì mù fǔ zhǒng shàng cì jīn
御史五人持节护丧事⑨。中二千石治莫府冢上⑩。赐金

qián zēng xù xiù bèi bǎi lǐng yī wǔ shí qiè bì zhū jī yù yī zǐ gōng biàn fáng
钱、缯絮、绣被百领，衣五十箧，璧珠玑玉衣，梓宫、便房、

①东西宫：西宫，即皇帝所居住的未央宫；东宫，皇太后所居住的长乐宫。卫尉：负责两宫守卫。奉朝请：有资格朝见皇帝参议政事的官员。骑都尉：统领护卫皇帝的骑兵的官员。②党亲连体：党家亲戚结成集团。根：树根。据：盘踞。③后元：公元前88到公元前87年。万机：各种重大事务。归政：把政权交还皇帝。④关白：请示。⑤虚己敛容：内心谦虚，面容端正。已甚：非常。⑥地节二年：公元前68年。病笃：病重。车驾：指皇帝。⑦分：分出。国邑：封邑。奉：供奉。祀：享祀，香火。⑧下：交给。⑨持节：手持节仗。护：护理。⑩治莫府冢上：在墓地上设立治丧的幕府。莫，通"幕"。

huáng cháng tí còu gè yī jù　　cōng mù wài zāng guǒ shí wǔ jù　　　dōng yuán wēn míng　jiē
黄　肠 题 凑各一具,枞木外臧椁十五具①。东 园 温 明,皆

rú chéng yú zhì dù　　　zài guāng shī jiù yǐ wēn liáng chē　huáng wū zuǒ dào　　fā cái guān
如 乘 舆 制度②。载 光 尸柩以辒辌车, 黄 屋左纛,发材官

qīng chē běi jūn wǔ jiào shì jūn chén zhì mào líng　　yǐ sòng qí zàng　　　shì yuē xuān chéng hóu
轻车北军五校士军陈至茂陵,以送其葬③。谥曰宣 成 侯。

fā sān hé zú chuān fù tǔ　　qǐ zhǒng cí táng　　zhì yuán yì sān bǎi jiā　　cháng chéng fèng shǒu
发三河卒 穿 复土,起冢祠堂,置园邑三百家,长 丞 奉守

rú jiù fǎ
如旧法④。

　　……

---

①絮:棉絮。箧:箱子。玉衣:金缕玉衣,用金丝连缀玉片做成的衣服。梓宫:梓木棺材。便房:用楩木做的套在
棺材外的大棺材。黄肠题凑:用黄心柏木堆垒而成的椁室。所用为黄芯柏木,所以叫"黄肠";每根柏木的头向里面聚
合,所以叫"题凑"。外藏椁:指黄肠题凑外的外椁。十五具:枞木板十五块。　②东园:掌置办丧葬器物的官署。温
明:葬器名。乘舆制度:皇帝的丧葬规格。　③辒辌车:丧车。黄屋:皇帝所用黄缯覆盖的车盖。左纛:皇帝车上插的
羽毛装饰的大旗。发:征发。材官:能使用强弩的步兵。轻车:战车兵。北军五校:即北军五营。北军,城北的禁军。
军阵:士兵列队成行。　④三河:河内、河东、河南三郡。穿复土:挖墓穴及下葬后填土。起:修建。冢祠堂:墓地上祭
祀用的祠堂。园邑:守护陵园的封邑。守:守陵。旧法:霍光生前的礼仪规格。

赵广汉传

赵广汉字子都,涿郡蠡吾人也,故属河间①。少为郡吏、州从事,以廉洁通敏下士为名②。举茂材,平准令③。察廉④为阳翟令。以治行尤异,迁京辅都尉,守京兆尹⑤。会昭帝崩,而新丰杜建为京兆掾,护作平陵方上⑥。建素豪侠,宾客为奸利,广汉闻之,先风告⑦。建不改,于是收案致法⑧。中贵人豪长者为请无不至,终无所听⑨。宗族宾客谋欲篡取,广汉尽知其计议主名起居⑩,使吏告曰:"若计如此,且并⑪灭家。"令数吏将建弃市⑫,莫敢近者。

①涿:今河北涿州。蠡吾:今河北蠡县。故属:旧属。河间:今河北献县东南。 ②州从事:州刺史的佐吏。通敏:通达聪明。下士:礼贤下士。 ③茂材:秀才。平准令:控制物价的官员。 ④察廉:以廉洁荐举为官。 ⑤异:突出。京辅:京都及附近辖区。都尉:辅佐京兆尹负责军事的官员。守:代理。京兆尹:京城及长安及附近地区的行政长官。 ⑥新丰:地名。京兆掾:京兆尹的属官。护作:助理监造。平陵:汉昭帝陵墓。方上:陵墓方形顶部。 ⑦豪侠:胆大不羁。为奸利:牟取非法利益。风:通"讽",含蓄劝告。 ⑧收案致法:拘捕法办。 ⑨中贵人:皇帝的亲近宦官。豪长者:豪绅名流。为请:为之求情。 ⑩篡取:劫狱。主名:主谋身份。起居:日常动向。 ⑪并:一并。 ⑫弃市:在闹市处死并暴尸示众。

jīng shī chēng zhī
京师称之。

是时，昌邑王 征即位，行淫乱，大将军霍光与群臣

共废王，尊立宣帝①。广汉以与议定策，赐爵关内侯②。

迁颍川③太守。郡大姓原、褚宗族横恣，宾客犯为盗

贼，前二千石莫能禽制④。广汉既至数月，诛原、褚首恶，

郡中震栗⑤。

先是，颍川豪桀大姓相与为婚姻，吏俗朋党⑥。广

汉患之，厉使其中可用者受记，出有案问，既得罪名，行

法罚之，广汉故漏泄其语，令相怨咎⑦。又教吏为缿筒，

及得投书，削其主名，而托以为豪桀大姓子弟所言⑧。其后

强宗大族家家结为仇雠，奸党散落，风俗大改⑨。吏民相

告讦，广汉得以为耳目，盗贼以故不发，发又辄得⑩。一切

---

①昌邑王：汉昭帝侄子。征：征召。　②与：参与。关内侯：爵位名。　③颍川：郡名。　④横恣：横行霸道。前二千石：前任郡守。禽：通"擒"，抓捕制服。　⑤栗：害怕。　⑥婚姻：结为姻亲。俗：民间。朋党：相互勾结。　⑦患：忧虑。厉：鼓励。受记：预先得知公文内容。故：故意。怨咎：埋怨责怪。　⑧缿筒：形状像筒的检举箱。投书：告密信。削：删除。主名：告密者姓名。托：假托。　⑨雠：仇人。散落：瓦解。　⑩告讦：揭发检举。以故：因此。发：作恶。辄：总是。得：逮捕。

zhì lǐ　　wēi míng liú wén　　jí xiōng nú xiáng zhě yán xiōng nú zhōng jiē wén guǎng hàn
治理，威名流闻，及匈奴降者言匈奴中皆闻广汉。

běn shǐ èr nián　　hàn fā wǔ jiāng jūn jī xiōng nú　　zhēng guǎng hàn yǐ tài shǒu jiàng
本始二年，汉发五将军击匈奴，征广汉以太守将

bīng　　shǔ pú lèi jiāng jūn zhào chōng guó　　　cóng jūn huán　　fù yòng shǒu jīng zhào yǐn　　mǎn suì
兵，属蒲类将军赵充国①。从军还，复用守京兆尹，满岁

wéi zhēn
为真②。

guǎng hàn wéi èr qiān shí　　yǐ hé yán jiē shì　　qí wèi jiàn dài yù lì　　yīn qín shèn
广汉为二千石，以和颜接士，其尉荐待遇吏，殷勤甚

bèi　　　　shì tuī gōng shàn　　guī zhī yú xià　　yuē　　mǒu yuàn qīng suǒ wéi　　fēi èr qiān shí
备③。事推功善，归之于下，曰："某掾卿④所为，非二千石

suǒ jí　　xíng zhī fā yú　　zhì chéng　　　lì jiàn zhě jiē shū xiè xīn fù　　wú suǒ yǐn nì
所及。"行之发于⑤至诚。吏见者皆输写心腹，无所隐匿，

xián yuàn wéi yòng　　jiāng pú wú suǒ bì　　　guǎng hàn cōng míng　　jiē zhī qí néng zhī suǒ
咸愿为用，僵仆无所避⑥。广汉聪明，皆知其能之所

yí　　jìn lì yǔ fǒu　　　qí huò fù zhě　　zhé xiān wén zhī　　fēng yù bù gǎi　　nǎi shōu bǔ
宜，尽力与否⑦。其或负者，辄先闻知，风谕不改，乃收捕

zhī　　wú suǒ táo　　àn zhī zuì lì jù　　jí shí fú gū
之，无所逃，按之罪立具，即时伏辜⑧。

guǎng hàn wéi rén qiáng lì　　tiān xìng jīng yú lì zhí　　jiàn lì mín　　huò yè bù qǐn
广汉为人强力⑨，天性精于吏职。见吏民，或夜不寝

zhì dàn　　　yóu shàn wéi gōu jù　　yǐ dé shì qíng　　　gōu jù zhě　　shè yù zhī mǎ gǔ　　zé
至旦⑩。尤善为钩距，以得事情⑪。钩距者，设预知马贾，则

---

①本始二年：公元前72年。发：派遣。属：从属于。蒲类将军：武官名。②真：正式任命。③接：对待。慰荐：安慰。待遇：对待。④掾卿：对下属官吏的客气称谓。⑤发于：出于。⑥输写心腹：倾吐心里话。写：通"泄"。僵仆：死亡。⑦能：能力。宜：适合。⑧负者：不尽力的。风谕：委婉劝告。风，通"讽"。立具：立即定罪。伏辜：认罪。⑨强力：强干。⑩旦：天亮。⑪钩距：反复推究调查。情：情由，原委。

先问狗，已问羊，又问牛，然后及马，参伍其贾，以类相准，则知马之贵贱不失实矣①。唯广汉至精能行之，它人效者莫能及也②。郡中盗贼，闾里轻侠，其根株窟穴所在，及吏受取请求铢两之奸，皆知之③。长安少年数人会穷里空舍谋共劫人，坐语未讫，广汉使吏捕治具服④。富人苏回为郎⑤，二人劫之。有顷，广汉将吏到家，自立庭下，使长安丞龚奢叩堂户晓贼⑥，曰："京兆尹赵君谢两卿，无得杀质，此宿卫臣也⑦。释质，束手，得善相遇，幸逢赦令，或时解脱⑧。"二人惊愕，又素闻广汉名，即开户出，下堂叩头，广汉跪谢曰："幸全活郎，甚厚！"送狱，敕吏谨遇，给酒肉⑨。至冬当出死，豫为调棺，给敛葬具，告语之⑩，皆曰：

---

①设：假设。贾：价钱。狗：此处指狗价钱。参伍：比较验证。②它：他。效：仿效。③闾：乡里。轻侠：行侠仗义败坏礼法的人。根株：根源。请求：请托求情。铢两之奸：数目很小的贪污受贿。铢，一两的二十四分之一。④会：聚集。穷里空舍：偏僻无人的地方。劫人：绑架勒索。坐语：坐着商量。讫：结束。⑤郎：皇帝左右的侍从。⑥有顷：一会儿。丞：县令的佐官。堂户：房门。晓：告知。⑦谢两卿：劝告两位。质：人质。宿卫：宫中值班的警卫。⑧束手：束手就擒。赦令：皇帝的赦令。谨遇：善待。⑨出死：押赴刑场处决。调：发给。敛：通"殓"。葬具：衣被之类。告语之：事先告诉两名罪犯。

96

“死无所恨！”

guǎng hàn cháng jì zhào hú dū tíng zhǎng　hú dū tíng zhǎng xī zhì jiè shàng　jiè shàng
广汉尝记召湖都亭长，湖都亭长西至界上，界上

tíng zhǎng xì yuē　　zhì fǔ　wèi wǒ duō xiè wèn zhào jūn　　tíng zhǎng jì zhì　guǎng hàn
亭长戏曰①："至府，为我多谢问赵君②。"亭长既至，广汉

yǔ yǔ　wèn shì bì　wèi yuē　jiè shàng tíng zhǎng jì shēng　xiè wǒ　hé yǐ bù wèi zhì
与语，问事毕，谓曰："界上亭长寄声③谢我，何以不为致

wèn　tíng zhǎng kòu tóu fú shí yǒu zhī　guǎng hàn yīn yuē　huán wèi wú xiè jiè shàng tíng
问？"亭长叩头服实有之。广汉因曰："还为吾谢界上亭

zhǎng　miǎn sī zhí shì　yǒu yǐ zì xiào　jīng zhào bù wàng qīng hòu yì　　qí fā jiān tī
长，勉思职事，有以自效，京兆不忘卿厚意④。"其发奸摘

fú　rú shén　jiē cǐ lèi yě
伏⑤如神，皆此类也。

guǎng hàn zòu qǐng　lìng cháng ān yóu jiào yù　lì zhì bǎi shí　qí hòu bǎi shí lì jiē
广汉奏请，令长安游徼狱吏秩百石，其后百石吏皆

chā zì zhòng　bù gǎn wǎng fǎ wàng xì liú rén　jīng zhào zhèng qīng　lì mín chēng zhī bù
差自重，不敢枉法妄系留人⑥。京兆政清，吏民称之不

róng kǒu　　zhǎng lǎo chuán yǐ wéi zì hàn xīng yǐ lái zhì jīng zhào zhě mò néng jí　zuǒ
容口⑦。长老传以为自汉兴以来治京兆者莫能及⑧。左

píng yì　yòu fú fēng jiē zhì cháng ān zhōng　fàn fǎ zhě zōng jì　xǐ guò jīng zhào jiè
冯翊、右扶风皆治长安中，犯法者从迹喜过京兆界⑨。

guǎng hàn tàn yuē　　luàn wú zhì zhě　cháng èr fǔ　yě　chéng lìng guǎng hàn dé jiān zhì
广汉叹曰："乱吾治者，常二辅⑩也！诚令广汉得兼治

---

①亭长：乡官。记召：下公文征召。界上：地名。戏：开玩笑。　②府：京兆尹的官署。谢问：问候。　③寄声：带话。
④还：回去。职事：本职工作。自效：奉献才智。　⑤发奸摘伏：揭发奸邪，揭露隐秘。　⑥游徼：乡官名，负责侦捕奸盗。
秩：俸禄。差：比较。系留：拘留。　⑦不容口：说不尽。　⑧长老：老年人。传：传颂。　⑨左冯翊、右扶风：官名，也是
政区名。治长安中：官署设在长安。从：通"踪"。　⑩二辅：指左冯翊、右扶风。

赵广汉传　汉书诵读本
97

zhī zhí chāi yì ěr

之，直差易①耳。"

chū dà jiāng jūn huò guāng bǐng zhèng guǎng hàn shì guāng jí guāng hōng hòu

初，大将军霍光 秉 政，广 汉事光。及光 薨后，

guǎng hàn xīn zhī wēi zhǐ fā cháng ān lì zì jiàng yǔ jù zhì guāng zǐ bó lù hóu yǔ

广汉心知微指，发长 安吏自将，与俱至 光子博陆侯禹

dì zhí tū rù qí mén sōu suǒ sī tú gū chuí pò lú yīng fǔ zhǎn qí mén guān ér

第，直突入其门，廀索私屠酤，椎破卢罃，斧斩其门 关而

qù shí guāng nǚ wéi huáng hòu wén zhī duì dì tì qì dì xīn shàn zhī yǐ

去②。时光女为 皇后，闻之，对帝③涕泣。帝心善④之，以

zhào wèn guǎng hàn guǎng hàn yóu shì qīn fàn guì qī dà chén suǒ jū hào yòng shì lì

召问广汉。广汉由是⑤侵犯贵戚大臣。所居好用世吏

zǐ sūn xīn jìn nián shào zhě zhuān lì qiáng zhuàng fēng qì jiàn shì fēng shēng wú suǒ huí

子孙新进年少者，专厉强 壮 蜂气，见事风生，无所回

bì shuài duō guǒ gǎn zhī jì mò wéi chí nán guǎng hàn zhōng yǐ cǐ bài

避，率多果敢之计，莫为持难⑥。广汉终以此败。

chū guǎng hàn kè sī gū jiǔ cháng ān shì chéng xiàng lì zhú qù kè yí nán

初，广汉客⑦私酤酒长 安市，丞 相吏逐去。客疑男

zǐ sū xián yán zhī yǐ yù guǎng hàn guǎng hàn shǐ cháng ān chéng àn xián wèi shǐ yǔ

子苏贤言⑧之，以语广汉。广汉使长安丞按贤，尉史禹

gù hé xián wéi qí shì tún bà shàng bù yì tún suǒ fá jūn xīng xián fù shàng shū sòng

故劾贤为骑士屯霸上，不诣屯所，乏军兴⑨。贤父上书讼

---

①直差易：就比较容易治理。 ②薨：诸侯或有爵位的高官之死。微指：不明显的意图，此处指汉宣帝不满霍家。将：带领。禹：霍光儿子霍禹。第：府邸。廀：通"搜"。私屠酤：违法私自宰杀牲畜及酿酒。椎：砸。卢：通"垆"，放酒坛的台子。罃：酒坛门关，门闩。 ③帝：汉宣帝。 ④善：认可。 ⑤由是：从此。 ⑥世吏：时代为吏。新近：初入仕途。蜂气：锋芒锐气。蜂，通"锋"。风生：像起风一样快。莫为持难：没人坚持己见而为难。 ⑦客：门客。 ⑧言：告发。 ⑨按：审讯。尉史：主管刑狱的佐官。故：故意。霸上：地名，陕西西安东。屯所：驻军营地。乏军兴：耽误军事行动，违反军纪的罪名。

zuì gào guǎng hàn shì xià yǒu sī fù zhì yǔ zuò yāo zhǎn qǐng dài bǔ guǎng hàn
罪，告广汉，事下有司覆治[1]。禹坐要[2]斩，请逮捕广汉。
yǒu zhào jí xùn cí fú huì shè biǎn zhì yī děng guǎng hàn yí qí yì zǐ róng chù jiào
有诏即讯，辞服，会赦，贬秩一等[3]。广汉疑其邑子荣畜教
lìng hòu yǐ tā fǎ lùn shā chù rén shàng shū yán zhī shì xià chéng xiàng yù shǐ àn
令，后以它法论杀畜[4]。人上书言之，事下丞相御史，案
yàn shèn jí guǎng hàn shǐ suǒ qīn xìn cháng ān rén wéi chéng xiàng fǔ mén zú lìng wēi
验[5]甚急。广汉使所亲信长安人为丞相府门卒，令微
sì chéng xiàng mén nèi bù fǎ shì dì jié sān nián qī yuè zhōng chéng xiàng fù bì yǒu
司[6]丞相门内不法事。地节三年七月中，丞相傅婢有
guò zì jiǎo sǐ guǎng hàn wén zhī yí chéng xiàng fū rén dù shā zhī fǔ shè ér
过，自绞死[7]。广汉闻之，疑丞相夫人妒杀之府舍。而
chéng xiàng fèng zhāi zhòu rù miào cí guǎng hàn dé cǐ shǐ zhōng láng zhào fèng shòu fěng xiǎo
丞相奉斋酎入庙祠，广汉得此，使中郎赵奉寿风晓
chéng xiàng yù yǐ xié zhī wú lìng qióng zhèng jǐ shì chéng xiàng bù tīng àn yàn yù
丞相，欲以胁之，毋令穷正己事[8]。丞相不听，按验愈
jí guǎng hàn yù gào zhī xiān wèn tài shǐ zhī xīng qì zhě yán jīn nián dāng yǒu lù sǐ
急。广汉欲告之，先问太史知星气者，言今年当有戮死
dà chén guǎng hàn jí shàng shū gào chéng xiàng zuì zhì yuē xià jīng zhào yǐn zhì
大臣，广汉即上书告丞相罪[9]。制[10]曰："下[11]京兆尹治。"
guǎng hàn zhī shì pò qiè suì zì jiàng lì zú tū rù chéng xiàng fǔ zhào qí fū rén guì tíng
广汉知事迫切，遂自将吏卒突入丞相府，召其夫人跪庭
xià shòu cí shōu nú bì shí yú rén qù zé yǐ shā bì shì chéng xiàng wèi xiàng shàng
下受辞，收奴婢十余人去，责以杀婢事[12]。丞相魏相上

①下：交给。覆治：再审。②要：通"腰"。③有诏即讯：诏命立即审讯。辞服：认罪。贬秩：降低俸禄。④邑子：同乡。教令：唆使。它法：别的罪名。论杀：判处死刑。⑤案验：追查。⑥微司：暗中侦察。司，通"伺"。⑦地节三年：公元前67年。傅婢：保姆。⑧奉斋酎：沐浴斋戒，准备参加皇帝宗庙的祭祀。风：通"讽"，暗示。胁：威胁。穷正：彻查。⑨太史：掌管天文历法的官员。星气：以星象占验吉凶。言今年当有戮死大臣：说今年会处死大臣。⑩制：皇帝的诏令。⑪下：交给。⑫突入：突然冲入。受辞：受审对质。责：讯问。

汉书诵读本

书自陈：“妻实不杀婢。广汉数犯罪法不伏辜，以诈巧迫

胁臣相，幸臣相宽不奏①。愿下明使者治广汉所验臣

相家事。”事下廷尉治，实丞相自以过谴答傅婢，出至外

弟乃死，不如广汉言②。司直③萧望之劾奏：“广汉摧辱大

臣，欲以劫持奉公，逆节伤化，不道④。”宣帝恶之，下广汉

廷尉狱，又坐贼杀不辜，鞠狱故不以实，擅斥除骑士乏军兴

数罪⑤。天子可⑥其奏。吏民守阙⑦号泣者数万人，或言“臣

生无益县官，愿代赵京兆死，使得牧养小民⑧。”广汉竟

坐要斩。

广汉虽坐法诛⑨，为京兆尹廉明，威制豪强，小民得

职⑩。百姓追思，歌之至今。

---

①伏辜：认罪。幸：希望。不奏：不上报罪行。　②廷尉：最高司法长官。谴答：责打。　③司直：丞相重要的属官。
④摧辱：凌辱。奉公：奉公守法的人。逆节：违背操守。伤化：有伤风化。不道：大逆不道。　⑤贼杀：虐杀。不辜：无
罪者。鞠狱：审讯案件。斥除：驱逐。　⑥可：批准。　⑦阙：宫阙。县官：天子，指朝廷。　⑧要：通“腰”。　⑨诛：被杀。
⑩得职：各得其所。

龚遂传

gōng suì zì shào qīng　shān yáng nán píng yáng rén yě　　　yǐ míng jīng wéi guān　zhì

龚遂字少卿，山阳南平阳人也①。以明经为官，至

chāng yì láng zhōng lìng　shì wáng hè　　hè dòng zuò duō bù zhèng　suì wéi rén zhōng hòu

昌邑郎中令，事王贺②。贺动作多不正，遂为人忠厚，

gāng yì yǒu dà jié　nèi jiàn zhèng yú wáng　wài zé fù xiàng　yǐn jīng yì　chén huò fú　zhì

刚毅有大节，内谏争于王，外责傅相，引经义，陈祸福，至

yú tì qì　jiǎn jiǎn wú yǐ　　miàn cì　wáng guò　wáng zhì yǎn ěr qǐ zǒu　yuē　láng

于涕泣，蹇蹇亡已③。面刺④王过，王至掩耳起走，曰："郎

zhōng lìng shàn kuì　rén　　jí guó zhōng jiē wèi dàn　yān　wáng cháng jiǔ yǔ zōu nú zǎi

中令善愧⑤人。"及国中皆畏惮⑥焉。王尝久与驺奴宰

rén yóu xì yǐn shí　shǎng cì wú dù　suì rù jiàn wáng　tì qì xī xíng　zuǒ yòu shì yù jiē

人游戏饮食，赏赐亡度，遂入见王，涕泣膝行，左右侍御皆

chū tì　　wáng yuē　láng zhōng lìng hé wèi kū　　suì yuē　　chén tòng shè jì wēi yě

出涕⑦。王曰："郎中令何为哭？"遂曰："臣痛社稷危也！

yuàn cì qīng xián jié yú　　wáng bì　zuǒ yòu　suì yuē　　dà wáng zhī jiāo xī wáng suǒ

愿赐清闲竭愚⑧。"王辟⑨左右，遂曰："大王知胶西王⑩所

①山阳：郡名，在今山东金乡西北。南平阳：县名，今山东邹县。②明经：汉代选官的科目，被选者通晓经术才能做官。经，儒家经典。昌邑郎中令：昌邑王国的郎中令，负责宫殿门卫及侍从。昌邑，王国名。贺：汉武帝孙子刘贺。③动作：行为举止。大节：高尚的节操。谏争：直言劝谏。争，通"净"。责：督责。傅：太傅，辅导昌邑王的官。相：王国的丞相。经义：儒家经书中所含的精神义理。陈：陈述。蹇蹇：直言敢谏的样子。亡已：不停。亡，通"无"。④面刺：当面批评。⑤愧：通"愧"，让人羞愧。⑥惮：畏惧。⑦驺奴：驾车的奴仆。宰人：炊事人员。膝行：跪着走。⑧赐清闲：给予单独谈话的机会。竭愚：倾诉自己的意见。⑨辟：通"避"，屏退。⑩胶西王：参与七国之乱而被杀的胶西王刘卬（áng）。

以为无道亡乎?"王曰:"不知也。"曰:"臣闻胶西王有谀

臣侯得,王所为儗于桀纣也,得以为尧舜也①。王说其谄

谀,尝与寝处,唯得所言,以至于是②。今大王亲近群小,

渐渍邪恶所习,存亡之机,不可不慎也③。臣请选郎通

经术有行义者与王起居,坐则诵《诗》《书》,立则习礼容,

宜有益④。"王许之。遂乃选郎中⑤张安等十人侍王。居

数日,王皆去逐⑥安等。久之,宫中数有妖怪,王以问

遂,遂以为有大忧,宫室将空,语在《昌邑王传》⑦。会昭

帝崩,亡子,昌邑王贺嗣立,官属皆征入⑧。王相⑨安乐

迁长乐卫尉,遂见安乐,流涕谓曰:"王立为天子,日益骄

溢,谏之不复听,今哀痛未尽,日与近臣饮食作乐,斗虎豹,

---

①谀臣:谄媚的臣下。所为:所作所为。儗:通"拟",相比。得以为尧舜:侯得却认为像尧舜一样。②说:通"悦"。寝处:睡在一起。唯得所言:只听信侯得的话。是:败亡的境地。③渍:沾染。习:习染。机:关键。④行义:践行仁义。郎:侍从官。起居:日常生活。⑤郎中:掌车骑、门户的官。⑥去逐:逐去。⑦语在《昌邑王传》:详情在《昌邑王传》中。⑧崩:皇帝逝世。亡:通"无"。⑨王相:昌邑王的相。长乐卫尉:负责长乐宫护卫的官。

zhào pí xuān chē jiǔ liú qū chí dōng xī suǒ wéi bèi dào   gǔ zhì kuān dà chén yǒu
召皮轩，车九流，驱驰东西，所为悖道①。古制宽，大臣有

yǐn tuì jīn qù bù dé yáng kuáng kǒng zhī shēn sǐ wéi shì lù nài hé   jūn bì
隐退，今去不得，阳 狂 恐知，身死为世戮，奈何②？君，陛

xià gù xiàng yí jí jiàn zhèng   wáng jí wèi èr shí qī rì zú yǐ yín luàn fèi
下故相，宜极谏争③。"王即位二十七日，卒以淫乱废。

chāng yì qún chén zuò xiàn wáng yú è bù dào jiē zhū sǐ zhě èr bǎi yú rén wéi suì yǔ
昌邑群臣坐陷 王于恶不道，皆诛，死者二百余人，唯遂与

zhōng wèi wáng yáng yǐ shuò jiàn zhèng dé jiǎn sǐ kūn wéi chéng dàn
中尉王 阳以数谏 争得减死，髡为城 旦④。

    xuān dì jí wèi jiǔ zhī bó hǎi zuǒ yòu jùn suì jī dào zéi bìng qǐ èr qiān shí
宣帝即位，久之，渤海左右郡岁饥，盗贼并起，二千石

bù néng qín zhì   shàng xuǎn néng zhì zhě chéng xiàng yù shǐ jǔ suì kě yòng shàng yǐ
不能禽制⑤。上 选 能 治者，丞 相御史⑥举遂可用，上以

wéi bó hǎi tài shǒu   shí suì nián qī shí yú zhào jiàn xíng mào duǎn xiǎo xuān dì wàng
为渤海太守。时遂年七十余，召见，形貌 短 小，宣帝望

jiàn bù fù suǒ wén xīn nèi qīng yān   wèi suì yuē   bó hǎi fèi luàn zhèn shèn yōu
见，不副所闻，心内轻焉⑦。谓遂曰："渤海废乱，朕 甚忧

zhī   jūn yù hé yǐ xī qí dào zéi yǐ chēng zhèn yì   suì duì yuē   hǎi bīn xiá
之。君欲何以息其盗贼，以称朕意⑧？"遂对曰："海濒遐

yuǎn bù zhān shèng huà qí mín kùn yú jī hán ér lì bù xù gù shǐ bì xià chì zǐ dào
远，不沾 圣化，其民困于饥寒而吏不恤，故使陛下赤子盗

①哀痛未尽：昭帝的丧期没结束。皮轩：皇帝所乘坐的虎皮装饰的车子。九流：即九斿(liú)，上有九条飘带的天子大旗。斗虎豹：观看虎豹相斗。悖道：违背礼制。　②大臣有隐退：君主昏庸无道，臣下可以辞官隐退。去：指辞官隐退。阳：通"佯"，佯装。知：知道，这里指被人识破。戮：耻笑。　③宜：应当。极：尽力。　④坐：犯……罪。以：因为。谏争：直言劝谏。争，通"诤"。髡：剃去头发的刑罚。城旦：筑城四年的劳役。　⑤渤海：郡名，在今河北沧州东南。岁饥：农作物欠收。禽：通"擒"。　⑥御史：御史大夫。　⑦不副所闻：跟听到的不一致。副，符合。轻：轻视。　⑧息：平息。称：适合。

汉书诵读本

龚遂传

弄陛下之兵于潢池中耳^①。今欲使臣胜之邪，将安之也^②?"上闻遂对，甚说^③，答曰："选用贤良，固欲安之也。"遂曰："臣闻治乱民犹治乱绳，不可急也：唯缓之，然后可治。臣愿丞相御史且无拘臣以文法，得一切便宜从事^④。"上许焉，加赐黄金，赠遣乘传^⑤。至渤海界，郡闻新太守至，发兵以迎，遂皆遣还，移书敕属县悉罢逐捕盗贼吏^⑥。诸持锄钩田器者皆为良民，吏无得问，持兵者乃为盗贼^⑦。遂单车独行至府，郡宁翕然，盗贼亦皆罢^⑧。渤海又多劫略相随，闻遂教令，即时解散，弃其兵弩而持钩锄^⑨。盗贼于是悉平，民安土乐业。遂乃开仓廪假贫民，选用良吏，尉安牧养焉^⑩。

遂见齐俗奢侈，好末技，不田作，乃躬率以俭约，劝民

---

①遐：远。恤：救助。赤子：初生婴儿，比喻纯朴的百姓。兵：武器。潢池：水塘。不沾圣化：没有受到圣上的教化。
②胜：武力镇压。安：安抚。 ③说：通"悦"。 ④拘：拘束。便宜从事：根据实际情况灵活处理。 ⑤乘传：所乘的驿车。
⑥发兵：派遣军队。移书：发公文。敕：命令。悉：全部。 ⑦钩：镰刀。田器：农具。 ⑧翕：安定的样子。罢：罢手。
⑨略：通"掠"。相随：相互结伙。 ⑩假：给与。尉：通"慰"。牧：治理。

務農桑，令口種一樹榆、百本薤、五十本葱、一畦韭，家二母彘、五雞①。民有帶持刀劍者，使賣劍買牛，賣刀買犢，曰："何為帶牛佩犢!"春夏不得不趨田畝，秋冬課收斂，益蓄果實菱芡②。勞來循行，郡中皆有畜積，吏民皆富實③。獄訟止息。

數年，上遣使者徵遂，議曹④王生願從。功曹以為王生素著酒，亡節度，不可使⑤。遂不忍逆⑥，從至京師。王生日飲酒，不視太守⑦。會遂引入⑧宮，王生醉，從後呼，曰："明府且止，願有所白⑨。"遂還⑩問其故，王生曰："天子即問君何以治渤海，君不可有所陳對⑪，宜曰：'皆聖主之德，非小臣之力也'。"遂受其言。既至前，上果問以治狀⑫，遂對如王生言。天子說其有讓⑬，笑曰："君安得

龔遂傳

漢書誦讀本

①末技：工商業。躬率：親自帶頭。口：每一人。一樹榆：一棵榆樹。本：棵。薤：植物名，像韭菜。家：每一家。彘：豬。②趨：走向。課：核算。收斂：收割。菱：菱角。芡：芡實。③勞來：勸勉。循行：巡視。畜：通"蓄"。④議曹：郡守的屬吏。⑤功曹：郡守的重要助手。著：通"嗜"，愛好。亡：通"無"。節度：規矩約束。⑥逆：違背。⑦日：每天。不視：不見。⑧引入：召入。⑨明府：郡守的尊稱。白：稟告。⑩還：回頭。⑪陳對：回答皇上的問題。⑫狀：情況。⑬說：通"悅"。讓：謙讓。

长者之言^①而称之?"遂因前曰:"臣非知此,乃臣议曹教戒^②臣也。"上以遂年老不任公卿,拜为水衡都尉,议曹王生为水衡丞,以褒显遂云^③。水衡典上林禁苑,共张宫馆,为宗庙取牲,官职亲近,上甚重之,以官寿卒^④。

汉书诵读本

①长者之言:忠诚老实人的话。 ②戒:通"诫",劝诫。 ③水衡都尉:负责上林苑及皇室财物的官。水衡丞:水衡都尉的属官。褒显:表扬。 ④典:主管。共张:陈设帷帐等设备。共,供应。牲:祭祀用的家畜。亲近:在皇上周围。以官寿卒:在官任上去世。

王温舒传
wáng wēn shū zhuàn

王温舒，阳陵①人也。少时椎埋为奸，已而试县亭
长，数废②。数为吏，以治狱③至廷尉史。事张汤，迁为御
史，督盗贼，杀伤甚多④。稍迁至广平都尉，择郡中豪敢
往吏十余人为爪牙，皆把其阴重罪，而纵使督盗贼，快其
意所欲得⑤。此人虽有百罪，弗法⑥；即有避回，夷之，亦灭
宗⑦。以故齐赵之郊盗不敢近广平，广平声为⑧道不拾
遗。上⑨闻，迁为河内太守。

素居广平时，皆知河内豪奸之家⑩。及往，以九月
至，令郡具私马五十匹，为驿自河内至长安，部吏如居广

---

①阳陵：汉景帝陵名，又为县名，在今陕西西安北。　②椎埋：抢劫杀人后埋尸灭迹。一说是盗墓。试：试用。数废：多次被免。　③治狱：审理案件。　④督：督捕。杀伤：处死打伤。　⑤稍迁：逐渐升迁。广平：郡国名，在今河北鸡泽东。豪敢：胆大心狠。往吏：老吏。把其阴重罪：抓住不为人知的重罪作为把柄。纵使：听任。快其意所欲得：满足王温舒的心意。　⑥此人：王温舒的爪牙。弗法：不治罪。　⑦避回：回避退缩。夷：灭。　⑧声为：号称。　⑨上：皇上。
⑩素：往常。河内：郡名，今河南武陟。

107

píng shí fāng lüè　　bǔ jùn zhōng háo huá　xiāng lián zuò qiān yú jiā　　　shàng shū qǐng　dà zhě
平时方略,捕郡中豪猾,相连坐千余家①。上书请,大者

zhì zú　xiǎo zhě nǎi sǐ　jiā jìn mò rù cháng zāng　　zòu xíng bù guò èr rì　dé kě
至族,小者乃死,家尽没入偿臧②。奏行不过二日,得可,

shì lùn bào　zhì liú xuè shí yú lǐ　　hé nèi jiē guài qí zòu　yǐ wéi shén sù　jìn shí
事论报,至流血十余里③。河内皆怪其奏,以为神速。尽十

èr yuè　jùn zhōng wú quǎn fèi zhī dào　　qí pō bù dé　shī zhī páng jùn zhuī qiú　huì
二月,郡中无犬吠之盗④。其颇不得,失之旁郡,追求,会

chūn wēn shū dùn zú tàn yuē　　jiē hū　lìng dōng yuè yì zhǎn yī yuè　zú wú shì
春,温舒顿足叹曰⑤:"嗟乎,令冬月益展一月,卒吾事

yǐ　　qí hào shā xíng wēi　bù ài rén rú cǐ
矣⑥!"其好杀行威⑦不爱人如此。

　　　　shàng wén zhī　yǐ wéi néng　qiān wéi zhōng wèi　qí zhì fù fǎng hé nèi　tú qǐng zhào
　　上闻之,以为能,迁为中尉。其治复放河内,徙请召

cāi huò lì yǔ cóng shì　hé nèi zé yáng jiē　má wù　guān zhōng yáng gàn　chéng xìn děng
猜祸吏与从事,河内则杨皆、麻戊,关中扬赣、成信等⑧。

yì zòng wéi nèi shǐ　dàn zhī　wèi gǎn zì zhì　　jí zòng sǐ　zhāng tāng bài hòu　xǐ wéi
义纵为内史,惮之,未敢恣治⑨。及纵死,张汤败后,徙为

tíng wèi　　ér yǐn qí wéi zhōng wèi zuò fǎ dǐ zuì　wēn shū fù wéi zhōng wèi　　wéi rén shǎo
廷尉。而尹齐为中尉坐法抵罪,温舒复为中尉⑩。为人少

wén　jū tā hūn hūn bù bàn　zhì yú zhōng wèi zé xīn kāi　　sù xí guān zhōng sú　zhī
文,居它惛惛不辩,至于中尉则心开⑪。素习关中俗,知

①往:上任。具:准备。为驿:自备马匹设驿站。方略:办法。猾:奸猾。②请:请示。族:诛灭全族。没入:没收。偿臧:将赃物偿还原主。臧,通"赃"。③行:报上去。得可:得到许可。报:处决。④犬吠之盗:指小偷。⑤颇:稍。不得:没有抓到。追求:追捕。会:恰好遇上。⑥益展:延长。古代立春以后不再处决犯人,王温舒遗憾要再等一年。卒:完成。⑦好杀行威:喜欢用杀人树威。⑧复放河内:又仿效治理河内的办法。放,仿效。徙:只。猜祸吏:狡诈奸猾的吏。猜,应为"猾"。⑨惮:忌惮。未敢恣治:不敢放手实施暴政。⑩抵罪:因犯罪被惩处。复为中尉:王温舒又被任命为中尉。⑪居它惛惛不辩:居有官位,却浑浑噩噩而不办事。居,在官位上。辩,通"办"。心开:精神振奋。

háo è lì háo è lì jìn fù wéi yòng lì kē chá yín è shào nián tóu hé gòu gào yán
豪恶吏,豪恶吏尽复为用。吏苛察淫恶少年,投缿购告言

jiān zhì mò luò zhǎng yǐ shōu sì jiān wēn shū duō chǎn shàn shì yǒu shì zhě jí wú
奸,置伯落长以收司奸①。温舒多谄,善事有势者;即②无

shì shì zhī rú nú yǒu shì jiā suī yǒu jiān rú shān fú fàn wú shì suī guì qī
势,视之如奴。有势家,虽有奸③如山,弗犯;无势,虽贵戚,

bì qīn rǔ wǔ wén qiǎo qǐng xià hù zhī huá yǐ dòng dà háo qí zhì zhōng wèi rú
必侵辱。舞文巧请下户之猾,以动大豪④。其治中尉如

cǐ jiān huá qióng zhì dà dǐ jìn mí làn yù zhōng xíng lùn wú chū zhě qí zhǎo yá
此。奸猾穷治,大氐尽靡烂狱中,行论无出者⑤。其爪牙

lì hǔ ér guàn yú shì zhōng wèi bù zhōng zhōng huá yǐ xià jiē fú yǒu shì zhě wéi yóu
吏虎而冠⑥。于是中尉部中 中猾以下皆伏,有势者为游

shēng yù chēng zhì shù suì qí lì duō yǐ quán guì fù
声誉,称治⑦。数岁,其吏多以权贵富⑧。

wēn shū jī dōng yuè huán yì yǒu bù zhòng yì zuò yǐ fǎ miǎn shì shí shàng fāng
温舒击东越还,议有不中意,坐以法免⑨。是时上方

yù zuò tōng tiān tái ér wèi yǒu rén wēn shū qǐng fù zhōng wèi tuō zú dé shù wàn rén zuò
欲作通天台而未有人,温舒请覆中尉脱卒⑩,得数万人作。

shàng yuè bài wéi shào fǔ xǐ yòu nèi shǐ zhì rú qí gù jiān xié shǎo jìn zuò
上 说⑪。拜为少府。徙右内史,治如其故,奸邪少禁⑫。坐

fǎ shī guān fù wéi yòu fǔ xíng zhōng wèi rú gù cāo
法失官,复为右辅,行 中尉,如故操⑬。

---

①投缿:检举揭发。缿,古代接受告密文书的器具。购告:悬赏告发。置伯落长:村置监察人员。伯,通"陌"。收司奸:收捕伺察奸人。司,通"伺"。 ②即:假如。 ③奸:坏事。 ④舞文巧:玩弄法律文字。请:奏请。猾:不法之徒。动:触动。 ⑤穷:穷尽。大氐:大多。氐,通"抵"。靡烂:被打得伤口溃烂。靡,通"糜",烂、碎。行论无出者:被定罪的没有从监狱中出来的。 ⑥虎而冠:极其暴虐。 ⑦部中:辖区内。中猾以下:中等以下的奸猾之人。为游声誉:为他游说称赞。 ⑧以权贵富:以权谋私而富贵。 ⑨东越:少数民族的一支,活动于今浙江东南部一带。中意:让皇帝满意。⑩覆中尉脱卒:复核中尉管辖区没服兵役的人。覆,核查。 ⑪说:通"悦"。⑫少禁:减少而且全被查禁。⑬右辅:右扶风都尉。行:兼职。如故操:和以前的作风一样。

岁余，会宛军^①发，诏征豪吏。温舒匿其吏华成，及

人有变告温舒受员骑钱，它奸利事，罪至族，自杀^②。其时

两弟及两婚家^③亦各自坐它罪而族。光禄勋徐自为曰：

"悲夫！夫古有三族，而王温舒罪至同时而五族乎^④！"温

舒死，家累千金。

---

①宛军：征伐大宛的军队。发：出发。 ②变告：告发。员骑：在编的骑兵。它：其他。奸利：非法谋利。族：灭族。
③婚家：亲家。 ④三族：灭三族。五族：三族加两婚家，故称"五族"。

严延年传

yán yán nián zhuàn

严延年字次卿，东海下邳人也①。其父为丞相掾②，

延年少学法律丞相府，归为郡吏。以选除补御史掾，举

侍御史③。是时大将军霍光废昌邑王，尊立宣帝。宣帝

初即位，延年劾④奏光"擅废立，亡人臣礼，不道⑤"。奏虽

寝，然朝廷肃焉敬惮⑥。延年后复劾大司农田延年持兵干

属车，大司农自讼不干属车⑦。事下御史中丞，谴责延年

何以不移书宫殿门禁止大司农，而令得出入宫⑧。于是覆

劾延年阑内罪人，法至死⑨。延年亡命⑩。会赦出，丞

相、御史府征书同日到，延年以御史书先至，诣御史府，复

汉书诵读本

---

①东海：郡名，在今山东郯城西北。下邳：县名，在今江苏邳县西南。　②掾：副官，佐官。　③选：选拔。除：任命
官职。补：有空缺后补充。举：举荐。侍御史：御史大夫的属官。　④劾：弹劾。　⑤亡：通"无"。不道：大逆不道。
⑥寝：搁置下来。肃焉：恭敬的样子。　⑦兵：武器。干：冒犯。属车：皇帝车驾的后车。自讼：自己辩白。　⑧下：交给。
御史中丞：御史大夫的副职。移书：写公文。　⑨覆劾：反诉。阑内罪人：让罪人随意入宫。阑，擅自出入。内，通"纳"。
⑩亡命：逃亡。

为掾①。宣帝识之，拜为平陵令，坐杀不辜，去官②。后为丞相掾，复擢好畤令③。神爵中，西羌反，强弩将军许延寿请延年为长史，从军败西羌，还为涿郡太守④。

时郡比得不能太守，涿人毕野白等由是废乱⑤。大姓西高氏、东高氏，自郡吏以下皆畏避之，莫敢与忤⑥，咸曰："宁负二千石，无负豪大家⑦。"宾客放为盗贼，发，辄入高氏，吏不敢追⑧。浸浸日多，道路张弓拔刃，然后敢行，其乱如此⑨。延年至，遣掾蠡吾赵绣案高氏得其死罪⑩。绣见延年新将，心内惧，即为两劾，欲先白其轻者，观延年意怒，乃出其重劾⑪。延年已知其如此矣。赵掾至，果白其轻者，延年索怀中，得重劾，即收送狱⑫。夜入，晨将至

---

①会赦出：恰好遇上皇帝的大赦免罪。征书：征用的文书。诣：到。 ②识之：认识他是弹劾过霍光的人。平陵：汉昭帝陵，在今陕西咸阳西。坐：因……犯罪。不辜：无罪的人。 ③擢：提拔。好畤：县名，在今陕西乾县东。 ④神爵：公元前61至公元前58年。西羌：我国古代民族之一。长史：幕僚一类的官。败：打败。涿郡：郡名，今河北涿县。 ⑤时：当时。比得：接连派来。不能：无能。废乱：违法作乱。西高氏、东高氏：涿郡的两大家族。 ⑥忤：顶撞。 ⑦负：对不起。二千石：指郡太守。豪大家：有势力的豪门。 ⑧放：放纵。发：罪恶事发。辄：总是。 ⑨浸浸：渐渐。日多：时间一长。道路张弓拔刃：行人在路上拿着弓提着刀防备。 ⑩蠡吾：县名，在今河北安平西北。案：侦办。得其死罪：核定为死罪。 ⑪新将：新郡将，郡守兼领军事，又称"郡将"。两劾：两种不同的诉状。白：禀报。出：拿出。重劾：重罪的诉状。 ⑫索：搜索。即收：立即逮捕。

shì lùn shā zhī　xiān suǒ àn zhě sǐ　lì jiē gǔ biàn　　gēng qiǎn lì fēn kǎo liǎng gāo
市论杀之，先所案者死，吏皆股弁①。更遣吏分考两高，

qióng jìng qí jiān　zhū shā gè shù shí rén　　jùn zhōng zhèn kǒng　dào bù shí yí
穷竟其奸，诛杀各数十人②。郡中震恐，道不拾遗。

　　sān suì　　qiān hé nán tài shǒu　cì huáng jīn èr shí jīn　háo qiáng xié xī　　yě wú
　　三岁③，迁河南太守，赐黄金二十斤。豪强胁息④，野无

xíng dào　wēi zhèn páng jùn　　qí zhì wù zài cuī zhé háo qiáng　fú zhù pín ruò　　pín ruò suī xiàn
行盗，威震旁郡。其治务在摧折豪强，扶助贫弱。贫弱虽陷

fǎ　qū wén yǐ chū zhī　　qí háo jié qīn xiǎo mín zhě　　yǐ wén nà zhī　　zhòng rén suǒ wèi
法，曲文以出之⑤；其豪桀侵小民者，以文内之⑥。众人所谓

dāng sǐ zhě　yī zhāo chū zhī　　suǒ wèi dāng shēng zhě　guǐ　shā zhī　　lì mín mò néng cè qí yì
当死者，一朝出之；所谓当生者，诡⑦杀之。吏民莫能测其意

shēn qiǎn　zhàn lì bù gǎn fàn jìn　　àn qí yù　jiē wén zhì bù kě dé fǎn
深浅，战栗不敢犯禁。案其狱，皆文致不可得反⑧。

　　yán nián wéi rén duǎn xiǎo jīng hàn　mǐn jié yú shì　suī zǐ gòng　rǎn yǒu tōng yì yú
　　延年为人短小精悍，敏捷于事，虽子贡、冉有通艺于

zhèng shì　bù néng jué yě　　lì zhōng jìn jié zhě　hòu yù zhī rú gǔ ròu　jiē qīn xiàng
政事，不能绝也⑨。吏忠尽节者，厚遇之如骨肉，皆亲乡

zhī　chū shēn bù gù　yǐ shì zhì xià wú yǐn qíng　　rán jí è tài shèn　zhòng shāng zhě
之，出身不顾，以是治下无隐情⑩。然疾恶泰甚，中伤者

duō　yóu qiǎo wéi yù wén　shàn shǐ shū　suǒ yù zhū shā　zòu chéng yú shǒu　zhōng zhǔ bù qīn
多，尤巧为狱文，善史书，所欲诛杀，奏成于手，中主簿亲

---

①市：市场。论杀：判处死刑。先所案者死：在真正追查的高氏家族之前处死。所案者，指高氏。股弁：两腿发抖。
②考：追查。究竟：彻底追查。③三岁：过了三年。④胁息：害怕得不敢大声喘气。⑤曲文：曲解法令。出之：减轻
罪责释放。⑥桀：通"杰"。以文内之：用法律文辞加重罪名抓进去。内，通"纳"。⑦诡：意外地。⑧案其狱：核查经手
的案件。文致：文案缜密。不可得反：不可能平反。⑨子贡、冉有：孔子的两个弟子，长于政事。绝：超过。⑩如骨肉：
像亲生儿女一样。乡：通"向"，向着。出身不顾：舍身不顾自己得失。

近^{jìn}史^{shǐ}不^{bù}得^{dé}闻^{wén}知^{zhī}①。奏^{zòu}可^{kě}论^{lùn}死^{sǐ}，奄^{yǎn}忽^{hū}如^{rú}神^{shén}②。冬^{dōng}月^{yuè}，传^{chuán}属^{shǔ}县^{xiàn}

囚^{qiú}，会^{huì}论^{lùn}府^{fǔ}上^{shàng}，流^{liú}血^{xuè}数^{shù}里^{lǐ}，河^{hé}南^{nán}号^{hào}曰^{yuē}"屠^{tú}伯^{bó}"③。令^{lìng}行^{xíng}禁^{jìn}止^{zhǐ}，

郡^{jùn}中^{zhōng}正^{zhèng}④清^{qīng}。

是^{shì}时^{shí}张^{zhāng}敞^{chǎng}为^{wéi}京^{jīng}兆^{zhào}尹^{yǐn}⑤，素^{sù}与^{yǔ}延^{yán}年^{nián}善^{shàn}。敞^{chǎng}治^{zhì}虽^{suī}严^{yán}，然^{rán}

尚^{shàng}颇^{pō}有^{yǒu}纵^{zòng}舍^{shě}，闻^{wén}延^{yán}年^{nián}用^{yòng}刑^{xíng}刻^{kè}急^{jí}，乃^{nǎi}以^{yǐ}书^{shū}谕^{yù}之^{zhī}曰^{yuē}⑥："昔^{xī}韩^{hán}卢^{lú}

之^{zhī}取^{qǔ}菟^{tù}也^{yě}，上^{shàng}观^{guān}下^{xià}获^{huò}，不^{bù}甚^{shèn}多^{duō}杀^{shā}⑦。愿^{yuàn}次^{cì}卿^{qīng}少^{shǎo}缓^{huǎn}诛^{zhū}罚^{fá}，思^{sī}

行^{xíng}此^{cǐ}术^{shù}。"延^{yán}年^{nián}报^{bào}曰^{yuē}："河^{hé}南^{nán}天^{tiān}下^{xià}喉^{hóu}咽^{yān}，二^{èr}周^{zhōu}余^{yú}毕^{bì}，莠^{yǒu}盛^{shèng}苗^{miáo}

秽^{huì}，何^{hé}可^{kě}不^{bù}锄^{chú}也^{yě}⑧？"自^{zì}矜^{jīn}伐^{fá}⑨其^{qí}能^{néng}，终^{zhōng}不^{bù}衰^{shuāi}止^{zhǐ}。时^{shí}黄^{huáng}霸^{bà}在^{zài}

颍^{yǐng}川^{chuān}以^{yǐ}宽^{kuān}恕^{shù}为^{wéi}治^{zhì}，郡^{jùn}中^{zhōng}亦^{yì}平^{píng}，娄^{lǚ}蒙^{méng}丰^{fēng}年^{nián}，凤^{fèng}皇^{huáng}下^{xià}，上^{shàng}贤^{xián}

焉^{yān}，下^{xià}诏^{zhào}称^{chēng}扬^{yáng}其^{qí}行^{xíng}，加^{jiā}金^{jīn}爵^{jué}之^{zhī}赏^{shǎng}⑩。延^{yán}年^{nián}素^{sù}轻^{qīng}霸^{bà}为^{wéi}人^{rén}，及^{jí}

比^{bǐ}郡^{jùn}为^{wéi}守^{shǒu}，褒^{bāo}赏^{shǎng}反^{fǎn}在^{zài}己^{jǐ}前^{qián}，心^{xīn}内^{nèi}不^{bù}服^{fú}⑪。河^{hé}南^{nán}界^{jiè}中^{zhōng}又^{yòu}有^{yǒu}蝗^{huáng}

---

①疾恶：痛恨坏人。泰甚：太甚。中伤者：被打击伤害的人。狱文：诉状一类的文书。史书：官府文书。手：亲手。史：佐吏。　②奏可论死：上报要定死罪的。奄忽：迅速。　③传：押送。会：集合。论：论杀。府：郡府。　④正：通"政"。　⑤京兆尹：京师长官。　⑥纵舍：宽大处理。刻急：苛刻严厉。　⑦韩卢：战国时有名的猎犬。菟：通"兔"。上观下获：遵照主人意图去捕获。　⑧喉咽：重要的地方。二周：战国时东周和西周。余毕：留下的弊端。毕，通"弊"。莠：野草。秽：荒芜。　⑨矜伐：夸耀。　⑩娄：通"屡"。蒙：遇到。凤皇下：凤凰从天上飞下来，意思是政治清平，天降祥瑞。上：皇上。称扬：赞赏。金爵之赏：黄金和爵位的赏赐。　⑪轻：看轻。比郡：两郡相连。

虫，府丞义出行蝗，还见延年^①。延年曰："此蝗岂凤皇食邪？"义又道司农中丞耿寿昌为常平仓^②，利百姓，延年曰："丞相御史不知为也，当避位^③去。寿昌安得权此^④？"后左冯翊缺，上欲征延年，符已发，为其名酷复止^⑤。延年疑少府梁丘贺毁之，心恨。会琅邪太守以视事久病，满三月免，延年自知见废^⑥，谓丞曰："此人尚能去官，我反不能去邪？"又延年察狱史廉，有臧不入身，延年坐选举不实贬秩^⑦，笑曰："后敢复有举人者矣^⑧！"丞义年老颇悖，素畏延年，恐见中伤^⑨。延年本尝与义俱为丞相史，实亲厚之，无意毁伤也，馈遗^⑩之甚厚。义愈益恐，自筮得死卦，忽忽不乐，取告至长安，上书言延年罪

（右侧竖排）严延年传

汉书诵读本

---

①义：人名。府丞：太守的佐吏。行蝗：了解蝗灾。　②司农中丞：大司农中丞。常平仓：调节粮价，储存粮食的粮仓。市场粮价低的高价收购，粮价高的时候，适当以低价出售。　③避位：离职。　④安得权此：怎么能想出这样的办法。　⑤符：征召的符。复止：又作罢。　⑥琅邪：郡名，今山东诸城。视事：任职。见废：被罢免。　⑦察：推荐。廉：廉洁。有臧不入身：因贪赃而不能入选。臧，通"赃"。选举不实：推选举荐的人名不副实。贬秩：削减俸禄。　⑧后敢复有举人者矣：以后谁还敢推荐人才啊。　⑨丞：府丞。悖：心思混乱。见中伤：被打击伤害。　⑩馈遗：赠送。

名十事①。已拜奏，因饮药自杀，以明②不欺。事下御史丞按验，有此数事，以结延年，坐怨望非谤政治不道弃市③。

初，延年母从东海来，欲从延年腊，到洛阳，适见报囚④。母大惊，便止都亭，不肯入府⑤。延年出至都亭谒母，母闭阁⑥不见。延年免冠顿首阁下，良久，母乃见之，因数责⑦延年："幸得备郡守，专治千里，不闻仁爱教化，有以全安愚民，顾乘刑罚多刑杀人，欲以立威，岂为民父母意哉⑧！"延年服罪，重顿首谢，因自为母御，归府舍⑨。母毕正腊⑩，谓延年："天道神明，人不可独杀⑪。我不意⑫当老见壮子被刑戮也！行矣！去女东归，扫除墓地耳⑬。"遂去。归郡，见昆弟宗人，复为言之。后岁余，果败。东海莫

---

①筮：算卦。忽忽：恍惚。取告：请假。　②明：表明。　③结：结案定罪。非：通"诽"。不道：大逆不道。　④腊：行腊祭礼。报囚：判决罪犯。　⑤止：停下。都亭：洛阳城下的亭名。　⑥阁：小门。　⑦数责：指责。　⑧备：凑数。千里：方圆一千里的地方。全安：保全安抚。顾：反而。乘：靠着。　⑨服罪：认错。御：驾车。　⑩毕：结束。正腊：冬至后第三个戌日举行的祭祀。　⑪人不可独杀：意思是不可能只杀别人，而自己不遭报应。　⑫不意：想不到。　⑬去：离开。女：通"汝"。扫除墓地：给你打扫准备墓地。

bù xián zhì qí mǔ　　yán nián xiōng dì wǔ rén jiē yǒu lì cái　　zhì tài guān　dōng hǎi

不贤知其母①。延年　兄弟五人皆有吏材②，至大官，东海

hào yuē　wàn shí yán yù　　　cì dì péng zǔ　zhì tài zǐ tài fù　zài　rú lín zhuàn

号曰"万石严妪"③。次弟彭祖，至太子太傅，在《儒林传》。

---

①贤智其母：认为他母亲贤淑聪明。知，通"智"。　②吏材：做官的才干。　③号曰：称作。万石：五个儿子都做官到二千石，所以称为"万石"。

原涉传（节选）
yuán shè zhuàn

yuán shè zì jù xiān　　zǔ fù wǔ dì shí yǐ háo jié　zì yáng dí xǐ mào líng

原涉字巨先。祖父武帝时以豪桀①自阳翟徙茂陵②。

shè fù āi dì shí wéi nán yáng　tài shǒu　　tiān xià yīn fù　　dà jùn èr qiān shí sǐ guān

涉父哀帝时为南阳③太守。天下殷富，大郡二千石死官，

fù liǎn sòng zàng jiē qiān wàn yǐ shàng　qī zǐ tōng gòng shòu zhī　yǐ dìng chǎn yè　　shí

赋敛送葬皆千万以上，妻子通共受之，以定产业④。时

yòu shǎo xíng sān nián sāng zhě　　jí shè fù sǐ　ràng huán nán yáng fù sòng　xíng sāng zhǒng

又少行三年丧者⑤。及涉父死，让还南阳赙送，行丧冢

lú sān nián　yóu shì xiǎn míng jīng shī　　　lǐ bì　　fú fēng yè qǐng wéi yì cáo　yī guān mù

庐三年，繇是显名京师⑥。礼毕，扶风谒请为议曹，衣冠慕

zhī fú còu　　　wèi dà sī tú shǐ dān jǔ néng zhì jù　　wéi gǔ kǒu lìng　shí nián èr shí

之辐辏⑦。为大司徒史丹举能治剧，为谷口令，时年二十

yú　　　gǔ kǒu wén qí míng　bù yán ér zhì

余⑧。谷口闻其名，不言而治。

xiān shì shè jì fù wéi mào líng qín shì suǒ shā　shè jū gǔ kǒu bàn suì suǒ　zì hé

先是涉季父为茂陵秦氏所杀，涉居谷口半岁所，自劾

---

①豪桀：有势力的大族。桀，通"杰"。　②阳翟：县名，今河南禹县。茂陵：汉武帝陵，也是县名。　③南阳：郡名，今河南南阳。　④殷：富裕。二千石：郡太守。死官：官吏死在任上。赋敛送葬皆千万以上：各级下属送礼达千万钱以上。通共：全部。定：置办。　⑤少行：很少实行。三年丧：守丧三年。　⑥让还：辞让退还。赙送：送给丧家的钱财。行丧冢庐：在坟地旁盖草庐守墓。繇：通"由"。　⑦礼毕：三年丧期满。谒：拜见。扶风：右扶风，官名。衣冠：士绅官员。辐辏：像车轮辐条一样从四面向轴心集中聚拢。　⑧举能治剧：举荐说原涉能处理重大棘手的事情。为：当上。谷口：县名，在今陕西泾阳西北。

qù guān，yù bào chóu①。谷口豪桀为杀秦氏，亡 命岁余，逢赦

去官，欲报仇①。gǔ kǒu háo jié wèi shā qín shì　wáng mìng suì yú féng shè

chū②。郡国诸豪及长安、五陵诸为气节者皆归慕之③。涉遂

出②。jùn guó zhū háo jí cháng ān　wǔ líng zhū wèi qì jié zhě jiē guī mù zhī　shè suì

qīng shēn yǔ xiāng dài　rén wú xián bù xiào tián mén　zài suǒ lú lǐ jìn mǎn kè　huò jī

倾身与相待，人无贤不肖阗门，在所同里尽满客④。或讥

shè yuē　zǐ běn lì èr qiān shí zhī shì　jié fà zì xiū　yǐ xíng sāng tuī cái lǐ ràng wéi

涉曰："子本吏二千石之世，结发自修，以行 丧推财礼让为

míng　zhèng fù chóu qǔ chóu　yóu bù shī rén yì　hé gù suì zì fàng zòng　wéi qīng xiá zhī

名，正复雠取仇，犹不失仁义，何故遂自放 纵，为轻侠之

tú hū⑤？涉应曰："子独不见家人寡妇邪？始自约敕之时，

徒乎⑤？"shè yìng yuē　zǐ dú bù jiàn jiā rén guǎ fù yé　shǐ zì yuē chì zhī shí

yì nǎi mù sòng bó jī jí chén xiào fù　bù xìng yī wéi dào zéi suǒ wū　suì xíng yín yì

意乃慕宋伯姬及陈 孝妇，不幸一为盗贼所污，遂行淫失，

zhī qí fēi lǐ　rán bù néng zì huán⑥。吾犹此矣！"

知其非礼，然不能自还⑥。wú yóu cǐ yǐ

shè zì yǐ wéi qián ràng nán yáng fù sòng shēn⑦得其名，而令先人坟墓

涉自以为前 让南阳赙送，身⑦dé qí míng　ér lìng xiān rén fén mù

jiǎn yuē　fēi xiào yě　nǎi dà zhì qǐ jiā shè　zhōu gé chóng mén⑧。初，武帝时，

俭约，非孝也。chū wǔ dì shí

jīng zhào yǐn cáo shì zàng mào líng　mín wèi qí dào wéi jīng zhào qiān⑨。涉慕之，乃买

京 兆尹曹氏葬 茂陵，民谓其道为京兆 仟⑨。shè mù zhī　nǎi mǎi

---

①先是：在这以前。季父：叔父。居：任职。所：左右。自劾：自己检举。去官：免官。 ②为杀：替原涉杀。亡命：逃亡。赦：大赦。 ③五陵：指长陵、安陵、阳陵、茂陵、平陵。为气节者：讲求义气节操的人。 ④倾身：身体前倾，指谦恭待人。无贤不肖：不管人品好坏。阗：充满。 ⑤世：家世。结发：少年时期。自修：自我修养约束。正：即便。复雠取仇：为报仇而杀掉仇人。 ⑥家人：贫民。约敕：约束，警戒。宋伯姬：春秋时鲁宣公女儿，宁死不愿败坏妇道。陈孝妇：汉文帝时恪守从一而终的节妇。淫失：淫荡。失，通"佚"。自还：自己回头。 ⑦身：自己。 ⑧大治：大兴土木。起家舍：在墓旁修建房屋。起，建造。周阁重门：墓地上屋舍牌坊规模很大。 ⑨京兆尹：京都的长官。道：墓前神道。仟：通"阡"，通往坟墓的道路。

汉书诵读本

dì kāi dào　lì biǎo shǔ yuē nán yáng qiān　rén bù kěn cóng　wèi zhī yuán shì qiān　　fèi yòng
地开道,立表署曰南阳仟,人不肯从,谓之原氏仟①。费用

jiē yǎng fù rén zhǎng zhě　rán shēn yī fú chē mǎ cái jù　qī zǐ nèi kùn　zhuān yǐ zhèn
皆印富人长者,然身衣服车马才具,妻子内困②。专以振

shī pín qióng fù rén zhī jí wéi wù　rén cháng zhì jiǔ qǐng shè　shè rù lǐ mén　kè yǒu
施贫穷赴人之急为务③。人尝置酒请涉,涉入里门,客有

dào shè suǒ zhī mǔ bìng bì jí lǐ zhái zhě　shè jí wǎng hòu　kòu mén　jiā kū shè
道涉所知母病避疾里宅者④。涉即往候⑤,叩门。家哭,涉

yīn rù diào　wèn yǐ sāng shì　jiā wú suǒ yǒu shè yuē　dàn jié sǎo chú mù yù　dài
因入吊⑥,问以丧事。家无所有,涉曰:"但洁扫除沐浴⑦,待

shè　huán zhì zhǔ rén　duì bīn kè tàn xī yuē　rén qīn wò dì bù shōu　shè hé xīn
涉。"还至主人⑧,对宾客叹息曰:"人亲卧地不收,涉何心

xiàng cǐ　　yuàn chè qù jiǔ shí　bīn kè zhēng wèn suǒ dāng dé　shè nǎi cè xí ér
乡此⑨! 愿彻去酒食⑩。"宾客争问所当得,涉乃侧席而

zuò　xiāo dú wéi shū　jù jì yī bèi guān mù　xià zhì fàn hán zhī wù　fēn fù zhū kè
坐,削牍为疏,具记衣被棺木,下至饭含之物,分付诸客⑪。

zhū kè bēn zǒu shì mǎi　zhì rì dié jiē huì　shè qīn yuè shì yǐ　wèi zhǔ rén　yuàn
诸客奔走市买,至日昳皆会⑫。涉亲阅视已,谓主人:"愿

shòu cì yǐ　　jì gòng yǐn shí　shè dú bù bǎo　nǎi zài guān wù　cóng bīn kè wǎng zhì sāng
受赐矣。"既共饮食,涉独不饱,乃载棺物,从宾客往至丧

jiā　wèi guān liàn láo lài bì zàng　qí zhōu jí dài rén rú cǐ　hòu rén yǒu huǐ shè
家,为棺敛劳俫毕葬⑬。其周急待人如此。后人有毁⑭涉

---

①开道:开辟神道。表:木或石头的碑。署:题字。从:跟着。②印:通"仰",依仗。身:自身。③振:通"赈",赈济。施:施舍。④置酒:摆酒席。道:说。所知:朋友。避疾:因病而迁居。里宅:里中某一家。⑤候:探望。⑥入吊:进去吊丧。⑦沐浴:给死者沐浴。⑧主人:置办酒食的人家。⑨人亲卧地:人家亲人去世,遗体放在地上。不收:穷得无法入殓。乡:通"向"。此:酒食。⑩愿:希望。彻:通"撤",撤去。⑪所当得:应该置办的东西。侧席而坐:表示忧伤不安。牍:用来书写的木片。疏:记帐单。具:详细。饭含:古代入殓时死者口中所放的东西。⑫日昳:下午。会:会聚。⑬不饱:人家有丧事,不敢吃饱也是礼仪,表示忧伤不安。敛:通"殓",入殓。劳俫:劝慰。⑭毁:诋毁。

汉书诵读本

zhě yuē jiān rén zhī xióng yě　　　sàng jiā zǐ jí shí cì shā yán zhě
者曰"奸人之雄也"，丧家子即时刺杀言者。

bīn kè duō fàn fǎ　zuì guò shuò shàng wén　　wáng mǎng shuò shōu xì yù shā　zhé
宾客多犯法，罪过数上闻①。王莽数收系欲杀，辄

fù shè chū zhī　　shè jù　qiú wéi qīng fǔ yuàn shǐ　　yù yǐ bì kè　wén mǔ tài hòu
复赦出之②。涉惧，求为卿府掾史③，欲以避客。文母太后

sàng shí　shǒu fù tǔ jiào wèi　　yǐ wéi zhōng láng　hòu miǎn guān　shè yù shàng zhǒng
丧时，守复土校尉④。已为中郎，后免官。涉欲上冢，

bù yù huì bīn kè　mì dú yǔ gù rén qī huì　　shè dān chē qū shàng mào líng　tóu mù
不欲会宾客，密独与故人期会⑤。涉单车驱上茂陵，投暮，

rù qí lǐ zhái　yīn zì nì bù jiàn rén　　qiǎn nú zhì shì mǎi ròu　nú chéng shè qì yǔ
入其里宅，因自匿不见人⑥。遣奴至市买肉，奴乘涉气与

tú zhēng yán　zhuó shāng tú zhě　wáng　　shì shí　mào líng shǒu lìng yǐn gōng xīn shì shì
屠争言，斫伤屠者，亡⑦。是时，茂陵守令尹公新视事，

shè wèi yè yě　wén zhī dà nù　　zhī shè míng háo　yù yǐ shì zhòng lì sú　qiǎn liǎng
涉未谒也，闻之大怒⑧。知涉名豪，欲以示众厉俗，遣两

lì xié shǒu shè　　zhì rì zhōng　nú bù chū　lì yù biàn shā shè qù　　shè pò jiǒng bù
吏胁守涉⑨。至日中，奴不出，吏欲便杀涉去⑩。涉迫窘不

zhī suǒ wéi　　huì shè suǒ yǔ qī shàng zhǒng zhě chē shù shí shèng dào　jiē zhū háo yě　gòng
知所为。会涉所与期上冢者车数十乘到，皆诸豪也，共

shuì yǐn gōng　　yǐn gōng bù tīng　zhū háo zé yuē　　yuán jù xiān nú fàn fǎ bù dé　shǐ
说尹公⑪。尹公不听，诸豪则曰："原巨先奴犯法不得，使

---

①宾客：原涉的宾客。上闻：上报到朝廷。　②收系：逮捕关押。辄：总是。赦出之：赦免释放。　③卿府掾史：王莽表弟卫将军王林的秘书。　④文母太后：汉成帝的母亲，王莽的姑姑。守：暂时担任。复土校尉：负责堆封坟土的官。　⑤上冢：上坟。期会：约好时间会面。　⑥投暮：傍晚。匿：躲藏。　⑦乘：仗着。涉气：原涉的威风。斫：砍。亡：逃亡。　⑧茂陵守令：暂时担任的茂陵令。视事：上任主事。谒：拜见。　⑨名豪：有名的豪杰。厉俗：整顿风俗。厉，通"励"。　⑩出：出来自首。去：离开。　⑪会：恰好遇上。期：约定。说：劝说别人，使听从自己的意见。

肉袒自缚，箭贯耳，诣廷门谢罪，于君威亦足矣①。"尹公许
之。涉如言谢，复服遣去②。

初，涉与新丰富人祁太伯为友，太伯同母弟王游公素
嫉涉，时为县门下掾③，说尹公曰："君以守令辱原涉如是，
一旦真令至，君复单车归为府吏，涉刺客如云，杀人皆不
知主名，可为寒心④。涉治冢舍，奢僭逾制，罪恶暴著，主
上知之⑤。今为君计，莫若堕坏涉冢舍，条奏其旧恶，君必
得真令⑥。如此，涉亦不敢怨矣。"尹公如其计，莽⑦果以为
真令。涉飈此怨王游公，选宾客，遣长子初从车二十乘
劫王游公家⑧。游公母即祁太伯母也，诸客见之皆拜，传
曰⑨："无惊祁夫人。"遂杀游公父及子⑩，断两头去。

涉性略似郭解，外温仁谦逊，而内隐好杀⑪。睚眦于尘

①不得：抓不到。肉袒：脱去上衣，露出身体谢罪。箭贯耳：用箭穿耳。威：威望，面子。②谢：请罪。复服：穿回
衣服。③新丰：县名，在今陕西临潼东北。嫉：嫉恨。县门下掾：县衙的小吏。④守令：代理茂陵令。真令：正式的
茂陵令。主：主使者。寒心：担心。⑤奢僭逾制：奢侈超过礼制规定。暴著：明显。⑥堕坏：毁坏。条奏：一条条上
奏。必得：一定要做。⑦莽：王莽。⑧繇：通"由"。选：挑选。⑨传曰：相互转告。⑩游公父及子：游公亲和游
公本人。⑪郭解：西汉时期著名的侠客。内隐：心中隐藏着。

中，触死者甚多①。王莽末，东方兵起，诸王子弟多荐

涉能得士死，可用②。莽乃召见，责以罪恶，赦赏，拜镇戎

大尹③。涉至官无几，长安败，郡县诸假号起兵攻杀二千

石长吏以应汉④。诸假号素闻涉名，争问原尹何在，拜谒

之⑤。时莽州牧使者依附涉者皆得活⑥。传送致涉长

安，更始西屏将军申屠建请涉与相见，大重之⑦。故茂

陵令尹公坏涉冢舍者为建主簿⑧，涉本不怨也。涉从建

所出，尹公故遮拜涉⑨，谓曰："易世⑩矣，宜勿复相怨！"涉

曰："尹君，何一鱼肉涉也⑪！"涉用是⑫怒，使客刺杀主簿。

涉欲亡去，申屠建内恨耻之，阳言⑬"吾欲与原巨先

共镇三辅，岂以一吏易之哉⑭！"宾客通言，令涉自系狱谢，

---

①睅眦：怒目而视，引申为与人结仇。尘中：尘市中。触死者：触怒他而被杀的人。②兵起：指刘玄、刘秀等人领兵起义。荐：向王莽推荐。得士死：得到别人的誓死效力。③责以罪恶：责备他所犯的罪行。赦：诏令。赏：免去罪责。拜镇戎大尹：任命为天水太守。④无几：没过多久。假号：假借名号。二千石长吏：太守一级的官员。应汉：响应汉军。⑤素：向来。原尹：原涉。⑥州牧：官名。活：活命。⑦传：驿车。更始：更始帝刘玄。重：看重。⑧主簿：掌管文书簿籍的官。⑨故：故意。遮：拦住。⑩易世：改朝换代。⑪一：一定要。鱼肉：宰割。⑫用是：因此。⑬内：心里。恨耻：以此为耻而痛恨。阳：通"佯"，假装。⑭镇：镇守。三辅：京兆尹、左冯翊、右扶风。易：改变。

jiàn xǔ zhī　　　bīn kè chē shù shí shèng gòng sòng shè zhì yù　　jiàn qiǎn bīng dào yāo qǔ shè

建许之①。宾客车数十乘 共 送涉至狱。建遣 兵道徼取涉

yú chē shàng　sòng chē fēn sàn chí　suì zhǎn shè　xuán zhī cháng ān shì

于车上 ,送车分散驰,遂斩涉,县之长安市②。

……

---

①通言:通知。系狱:拘押在牢房中。谢:请罪。 ②道徼:中途拦截。徼,通"邀",拦截。取:抓住。县之:挂头示众。县,通"悬"。

原涉传

汉书诵读本

孝武李夫人传（节选）

孝武李夫人，本以倡进①。初，夫人兄延年性知音，善歌舞，武帝爱之②。每为③新声变曲，闻者莫不感动。延年侍上起舞④，歌曰："北方有佳人，绝世而独立，一顾倾人城，再顾倾人国⑤。宁不知⑥倾城与倾国，佳人难再得！"上叹息曰："善！世岂有此人乎！"平阳主因言延年有女弟，上乃召见之，实妙丽善舞⑦。由是得幸，生一男，是为昌邑哀王⑧。李夫人少而蚤卒，上怜闵焉，图画其形于甘泉宫⑨。及卫思后废后四年，武帝崩，大将军霍光缘上雅意，以李夫人配食，追上尊号曰孝武皇后⑩。

---

①孝武：孝武皇后。倡：表演歌舞的歌姬。进：进宫。　②知音：精通音律。爱：宠爱。　③为：创作。　④侍：侍奉。上：皇上。　⑤绝世：举世无双。倾：倾倒。　⑥宁不知：难道不知道。　⑦平阳主：平阳公主，汉武帝妹妹。因：于是。女弟：妹妹。妙丽：美丽。　⑧幸：宠幸。昌邑哀王：刘髆。　⑨少：年轻。蚤：通"早"。卒：死。闵：通"悯"。甘泉宫：在今陕西淳化城北的甘泉山南。　⑩卫思后：卫子夫。废后：被废皇后。崩：皇帝逝世。缘：随着。雅意：原来的心意。配食：陪享汉武帝宗庙。

初，李夫人病笃，上自临候之，夫人蒙被谢曰①："妾久寝病②，形貌毁坏，不可以见帝。愿以王③及兄弟为托。"上曰："夫人病甚，殆将不起，一见我属托王及兄弟，岂不快哉④？"夫人曰："妇人貌不修饰，不见君父⑤。妾不敢以燕婕⑥见帝。"上曰："夫人弟⑦一见我，将加赐千金，而予兄弟尊官。"夫人曰："尊官在帝，不在一见。"上复言欲必见之，夫人遂转乡歔欷而不复言⑧。于是上不说⑨而起。夫人姊妹让⑩之曰："贵人独不可一见上属托兄弟邪？何为恨上⑪如此？"夫人曰："所以不欲见帝者，乃欲以深托兄弟也。我以容貌之好，得从微贱爱幸于上。夫以色事人者，色衰而爱弛，爱弛则恩绝⑫。上所以挛挛顾念我者，乃以平生容貌也⑬。今见我毁坏，颜色非故，必畏恶吐弃我，

---

①病笃：病得很严重。自：亲自。候：看望。谢：请罪。②寝病：卧病。③王：昌邑哀王刘髆。④殆：大概。起：病愈。属：通"嘱"，嘱托。⑤妇人貌不修饰，不见君父：《礼记》中说，"妇人不饰不敢见舅姑"，李夫人在这里引用。⑥燕婕：不用心修饰打扮。⑦弟：只要。⑧转向：转脸向里。乡，通"向"。歔欷：叹气，抽噎声。⑨说：通"悦"。⑩让：责怪。⑪恨上：违背皇上心意。⑫色：容貌。事：侍奉。弛：消逝。⑬挛挛：恋恋。平生：往常。

意 尚 肯 复 追 思 闵 录 其 兄 弟 哉①！"及夫人卒，上以后礼②葬

焉。其后，上以夫人兄李广利为贰师将军③，封海西侯，延

年为协律都尉。

上思念李夫人不已，方士齐人少翁言能致其神④。

乃夜张灯烛，设帷帐，陈酒肉，而令上居他帐，遥望见

好女如李夫人之貌，还帷坐而步⑤。又不得就视⑥，上愈益

相思悲感，为作诗曰："是邪，非邪？立而望之，偏何姗

姗⑦其来迟！"令乐府诸音家弦歌之⑧。上又自为作赋，以

伤悼⑨夫人。……

---

①畏恶：憎恶。吐弃：唾弃。意尚肯复追思闵录其兄弟哉：还会因为怀念怜悯我而善待我的兄弟吗。 ②后礼：皇后之礼。 ③贰师将军：武帝曾派李广利西征大宛，往贰师城索取汗血宝马，因此称李广利为"贰师将军"。 ④方士：掌握星象、占卜、神仙之术等方术的人。致其神：让李夫人魂灵到来。 ⑤张：布设。好女：美人。坐而步：坐下来又起身行走。 ⑥就视：靠近细看。 ⑦姗姗：女子行走时缓慢从容的样子。 ⑧乐府：汉代掌管音乐的机构。弦歌：演奏歌唱。 ⑨伤悼：悲伤地悼念。